Die griechische Kolonisa...

Tyras (Dnestr)
Pyretos (Prut)
S   K   Y
Olbia
Borysthenes (Dnepr)
Tyras
Maiotis-See
Asowsches Meer
Pantikapaion
Taurischer
Chersonesos
Phanagoreia
Hypanis (Kuban)
Theodosia
Herakleia-
Chersonesos
TAURER
Pityus
K
O
L
C
H
Dioskurias
GETEN
Istros (Donau)
Tomis
Pontos Euxeinos
(Schwarzes Meer)
Phasis
TRIBALLER Odessos
Sinope
Amisos
Heiakleia
PAPHLAGONIEN
Trapezus
THRAKIEN
Byzantion
Kalchedon
PONTUS
Halys (Irmak)
(Kisil)
ARMENIEN
Epidamnos
MAKEDONIEN
Kyzikos
Ankyra
KAPPADOKIEN
Tigris
EPIRUS
MYSIEN
PHRYGIEN
MESOPO-
TAMIEN
kyra
Ambrakia
Phokaia
Euphrat
Delphi
Chalkis
Sardes
LYDIEN
Megara
Eretria
Athen
Milet
PAMPHYLIEN
KILIKIEN
Korinth
KARIEN
SYRIEN
Sparta
LYKIEN
Rhodos
Zypern
Salamis
Knossos
Byblos
Damaskus
Kreta
Sidon
m   e   e   r
Tyros
PALÄSTINA
es Meer
Kyrene
Jerusalem
Ägyptisches Meer
Barka
Naukratis
Pelusion
KYRENAIKA
LIBYEN
ARABIEN
ÄGYPTEN
Nil

Kriegsflotten und Seekriege der Antike

KLEINE MILITÄRGESCHICHTE
KRIEGE

MANFRED BEIKE

Kriegsflotten und Seekriege der Antike

Militärverlag
der Deutschen Demokratischen
Republik

Beike, Manfred :
Kriegsflotten und Seekriege der Antike /
von Manfred Beike. –
1. Aufl. – Berlin : Militärverlag der DDR, 1987. –
180 S. – : 61 Ill. –
(Kleine Militärgeschichte. Kriege)

ISBN 3-327-00289-6

1. Auflage
© Militärverlag der Deutschen Demokratischen Republik (VEB) – Berlin, 1987
Lizenz-Nr. 5
Printed in the German Democratic Republic
Gesamtherstellung: Offizin Andersen Nexö,
Graphischer Großbetrieb, Leipzig III/18/38
Lektor: Ruth Liebnitz
Typografie: Günter Molinski
Schutzumschlag und Einband: Wolfgang Ritter
Kartenausführung: Evelin Leipold, Rita Koopke
Zeichnungen / Kartenentwürfe: Helmuth Schulze
Quelle für die Karte des Vorsatzes: Autorenkollektiv, Griechische Geschichte bis
146 v. u. Z., Berlin 1985
Quelle für die Karte des Nachsatzes: Dieter, H./Günther, R.,
Römische Geschichte bis 476, Berlin 1979.
Für die Veröffentlichungsgenehmigung zu den Karten des Vor- und Nachsatzes
danken wir dem VEB Deutscher Verlag der Wissenschaften, Berlin.
Abbildungen: Sächsische Landesbibliothek, Abteilung Deutsche Fotothek (18),
Staatliche Museen zu Berlin, Antikensammlung (1), Archiv (7)
LSV: 0549
Bestellnummer: 746 888 2
00780

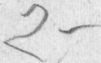

Vorwort

Zweitausend bis zweitausendfünfhundert Jahre liegen die Kampfhandlungen auf See zurück, die auf den folgenden Seiten etwas näher untersucht werden. Das Gebiet, das davon erfaßt wurde, erstreckt sich über den gesamten Mittelmeerraum, die Kontrahenten, die sich gegenüberstanden, gehören in das klassische Altertum, zum antiken Griechenland und zum Römischen Imperium. Welche gesellschaftlichen Ursachen und materiellen Grundlagen gab es für die Kampfhandlungen auf See im antiken Zeitalter? Welche Auswirkungen hatten deren Ergebnisse auf den weiteren Verlauf der jeweiligen Kriege, auf die Weiterentwicklung des strategischen Einsatzes der Seestreitkräfte, auf ihre Taktik? Der Autor versucht, eine Antwort darauf zu geben, und geht dabei auf den Verlauf der Seeschlachten und Seegefechte ein, um so zum besseren Verständnis und zur Klärung der aufgeworfenen Fragen beizutragen.

Bisher gibt es kaum Veröffentlichungen, die sich auf den strategischen Einsatz der Seestreitkräfte beziehen sowie auf die Vorbereitung und Durchführung des Zusammenwirkens zwischen See- und Landstreitkräften. Der bekannte sowjetische Militärhistoriker J. A. Rasin schrieb in diesem Zusammenhang: «Es fehlen bis heute gründliche Forschungen auf dem Gebiet der Kriegskunst und des militärtheoretischen Denkens der Völker des Altertums. Dies ist eine Unterschätzung des Studiums tiefgründiger Quellen der Kriegskunst und der Militärtheorie, dieser elementarsten Mathematik, ohne deren Beherrschung man sich nicht in den Formeln der höheren Mathematik zurechtfinden kann.»

Obwohl die Seekriegsgeschichte der Antike für den Historiker noch viele «weiße Flecken» aufweist, die auch durch den Verfasser nicht ausgefüllt werden konnten, soll doch versucht werden, einen Überblick über 500 Jahre Entwicklung antiker Kriegsflotten und Seekriegskunst zu geben. Dabei stehen die Flotten Griechenlands und Roms sowie deren Kontrahenten im Mittelpunkt. Alle anderen Flotten, die in jener Zeit existierten, aber an jenen Schlachten und Gefechten nicht beteiligt waren, finden keine Berücksichtigung.

Im Gegensatz zu anderen Auffassungen betrachtet der Autor die militärischen Auseinandersetzungen zwischen Griechen und Persern nicht als eine Reihe von Kriegen, sondern als einen Krieg. Dabei wird davon ausgegangen, daß der Beginn eines Krieges durch die Aufnahme von Kampfhandlungen und das Ende durch die Niederlage eines Kontrahenten oder einen Waffenstillstands- bzw. Friedensvertrag gekennzeichnet sind.

Zwar liegen die beschriebenen Ereignisse schon lange zurück, das Interesse an der Seekriegsgeschichte aber steigt. Der Autor möchte den Leser mit diesem Buch in die Lage versetzen, sich mehr als bisher möglich, mit einer sozialpolitischen Erscheinung der Antike, über die in der DDR noch wenig publiziert wurde, vertraut zu machen.

Der Krieg in der auf Sklaverei beruhenden Gesellschaftsformation

Der Krieg – als sozialpolitische Erscheinung – bildete sich mit der Entstehung des Privateigentums an Produktionsmitteln und der damit verbundenen Differenzierung der Gesellschaft in der Übergangsperiode von der klassenlosen zur Klassengesellschaft heraus. Mit der Kriegführung wiederum entstanden Heer und Flotte als organisierte militärische Formationen. Die Notwendigkeit, Krieg zu führen, erwuchs aus den sich entwickelnden Produktionsverhältnissen in der altorientalischen Klassengesellschaft bzw. in der auf Sklaverei beruhenden Gesellschaftsformation.

Der gesamte Produktionsprozeß basierte im klassischen Altertum im wesentlichen auf der Arbeit der Sklaven, den unmittelbaren Produzenten. Deshalb war Erwerb oder Beschaffung von Sklaven unumgänglich und mußte ständig gesichert werden. «In den Sklaven wird das Produktionsinstrument direkt geraubt», stellte Marx fest. Aus der Notwendigkeit, Sklaven zu beschaffen, um die Produktion aufrechterhalten zu können, wuchs der Zwang zu ständiger Führung von Kriegen. Der Krieg umfaßte mehr und mehr das gesamte gesellschaftliche Leben und wurde zum Dauerzustand, der nur durch kurze Friedensperioden, die zur Vorbereitung neuer Kriege notwendig waren, unterbrochen wurde, denn ohne Krieg gab es keine Sklaven, ohne Sklaven keine Produktion und ohne Produktion keine materielle Grundlage zur Existenz der antiken Klassengesellschaft.

Über den Zusammenhang zwischen Kriegführung und Beschaffung von Sklaven schrieb Aristoteles, der von 384 bis 322 v. u. Z. lebte: «Die Lehre von dem Erwerb von Sklaven aber, d. h. von dem gerechten Erwerb, ist von diesen beiden Wissenschaften (Staatssachen und Philosophie) verschieden; sie ist nämlich ein Teil der Kriegs- oder Jagdkunde. Daher wird auch die Kriegskunst

7

im gewissen Sinne von Natur eine Erwerbskunde sein. Denn die Jagdkunde ist ein Teil von ihr, und sie wird teils gegen Tiere, teils gegen solche Menschen angewandt, die von Natur zum Dienen bestimmt sind, aber nicht freiwillig dienen wollen, so daß ein solcher Krieg dem Naturrecht entspricht.» Unschwer ist zu erkennen, Aristoteles betrachtete den Krieg und die daraus resultierende Versklavung von Menschen als etwas, was zur menschlichen Gesellschaft gehörte und für die Erhaltung der Existenz der Freien, besonders der reichen Freien, notwendig war. Aristoteles rechtfertigte damit die soziale Ungleichheit und die Führung von Kriegen zur Unterwerfung anderer Menschen. Bezogen auf die antagonistische Gesellschaft, traf sein Urteil auch zu. Wie Lenin sagt, steht «der Krieg in keinem Widerspruch zu den Grundlagen des Privateigentums, er stellt vielmehr eine direkte und unvermeidliche Entwicklung dieser Grundlagen dar». Das ist besonders in der auf Sklaverei beruhenden Gesellschaftsformation nachweisbar. Wie der DDR-Wissenschaftler Dieckhoff dazu ausführte, ist «in ihr der Krieg das fast alleinige politische Mittel im Dienst der Produktionsweise; er ist wesentliche Grundlage der Wirtschaft. In der Sklavenhaltergesellschaft überführt der Krieg die Produktionsinstrumente in das uneingeschränkte Privateigentum der Sklavenhalter: Er dient also der Herausbildung des Privateigentums.»

Analysiert man den Krieg in der auf Sklaverei beruhenden Gesellschaftsformation, «muß man von der geschichtlichen Situation ausgehen, in der er vor sich geht, erst dann kann man das eigene Verhältnis zu ihm bestimmen». Unter Beachtung dieser leninschen Forderung ist es möglich, die Kriege der Antike in Typen zusammenzufassen. Dabei gehört zur Kategorie «Kriegstyp» eine bestimmte Gruppe von Kriegen mit Merkmalen, die sich aus den Besonderheiten des konkret-historischen Systems, der ökonomischen und politischen Beziehungen zwischen den Staaten und Klassen und den durch sie bedingten Widersprüchen sowie aus der Art und Weise ergeben, wie diese Widersprüche gelöst werden. Möglich wäre folgende Typisierung:

1. Kriege von Sklavenhalterstaaten gegen Völker, Stämme u. a., die auf einer niedrigeren Stufe der gesellschaftlichen Entwicklung stehen (z. B. die Kriege Roms gegen die Gallier und Germanen);

2. Kriege zwischen Sklavenhalterstaaten (z. B. die Punischen Kriege);
3. Kriege zwischen verschiedenen Gruppen von Sklavenhaltern (z. B. die Römischen Bürgerkriege);
4. Sklavenaufstände (z. B. der Spartakusaufstand);
5. Volksaufstände der freien Armen (z. B. Kerkyra 427 v. u. Z.).

Nicht jeder Sklaven- oder Volksaufstand war ein Krieg, aber jeder Aufstand trug Elemente eines Krieges in sich und konnte sich zum Kriege ausweiten, deshalb ist es berechtigt, sie in diese Typisierung aufzunehmen.

Die angeführten Kriegstypen decken zwar den Charakter des antagonistischen Widerspruchs zwischen den sich bekämpfenden Seiten auf, klären jedoch nicht eindeutig, welche der beiden Seiten den sozialen Fortschritt verkörperte und welche politischen Ziele jede von ihnen verfolgte. Dazu muß der soziale Charakter eines jeden Krieges aufgedeckt werden, da die Kategorie «sozialer Charakter des Krieges» die klassenmäßig-soziale Zielsetzung des Krieges zum Ausdruck bringt. Ihre Anwendung kann verdeutlichen, ob die politischen Hauptziele der beiden kriegführenden Seiten mit dem sozialen Fortschritt übereinstimmen und ob es sich um einen gerechten oder ungerechten Krieg handelt. Erst damit wird der erkenntnistheoretische Schritt von der Wahrnehmung der Erscheinung zur Erkenntnis ihres Wesens vollzogen.

Unter Beachtung des sozialen Charakters lassen sich auch die Kriege, die in der auf Sklaverei beruhenden Gesellschaftsformation geführt wurden, als gerechte und ungerechte Kriege kennzeichnen.

Diese Einteilung ist jedoch aus heutiger Sicht für bestimmte Kriege problematisch, da nicht immer alle Triebkräfte und Ursachen, die zum Krieg führten, sowie die politischen Ziele, die durch die Führung eines Krieges erreicht werden sollten, überliefert sind. Auf keinen Fall dürfen aber die politischen Ziele, die durch die Kriege erreicht werden sollten, mit den Kriegsergebnissen verwechselt werden, da diese Ergebnisse nicht immer mit den angestrebten Zielen identisch sind, sondern durchaus andere sozialökonomische, politische, kulturelle oder religiöse Ursachen haben können, die nicht auf den ersten Blick erkennbar sind. Maßstab für die Beurteilung eines Krieges müssen dessen objektiv-politischer Inhalt und die daraus resultierenden fortschrittlichen oder reaktionären Ziele der kriegführenden Seiten sein.

Bereits in der Antike machte man sich Gedanken über gerechte und ungerechte Kriege. So unterschieden die Römer zwischen gerechten Kriegen, die gegen äußere Feinde geführt wurden, und ungerechten Kriegen, die unterdrückte Sklaven und Arme gegen ihre Unterdrücker führten. Diese vom Standpunkt der herrschenden Klasse ausgehende Beurteilung deckte natürlich nicht den sozialen Charakter des Krieges auf. Sie hatte vielmehr die Aufgabe, den sozialen Charakter zu verschleiern und die freien Armen für den Krieg gefügig zu machen. Zu beachten ist auch, daß sich der soziale Charakter eines Krieges während seines Verlaufs ändern konnte. War der Griechisch-Persische Krieg zu Beginn ein gerechter Verteidigungskrieg der Griechen, so änderte sich der Charakter des Krieges, als die Griechen versuchten, sich persisches Territorium anzueignen.

Kriege, die Koalitionscharakter trugen, waren in der auf Sklaverei beruhenden Gesellschaftsformation keine Seltenheit. So hatte für jede der kriegführenden Seiten die Gewinnung von Bündnispartnern zur Stärkung des eigenen ökonomischen, militärischen und politischen Potentials wesentliche Bedeutung. Dieses Bestreben ist besonders aus dem antiken Griechenland bekannt. Unter den vielen Poleis fanden sich stets für eine kriegführende Seite mehrere Bündnispartner oder wenigstens ein Partner mit gleichen bzw. ähnlichen politischen oder wirtschaftlichen Interessen, die deshalb für einen Krieg gewonnen werden konnten. Aus diesen gleichen Interessen erwuchs zum Beispiel der Koalitionscharakter des Griechisch-Persischen Krieges und des Peloponnesischen Krieges. Ähnliche Tendenzen waren auch für Rom und Karthago typisch. Allerdings zeigte sich in der römischen und der karthagischen Geschichte die Rolle der Führungsmacht aufgrund drückender ökonomischer und militärischer Überlegenheit noch stärker ausgeprägt als in Griechenland.

Aufgrund der Bewaffnung und Ausrüstung der Streitkräfte, der Möglichkeiten zu ihrer Versorgung und der dadurch beeinflußten Strategie und Taktik ist die Dynamik des Kriegsverlaufs nicht mit heutigen Maßstäben zu messen. Zwischen einzelnen Schlachten und Gefechten, die in der Regel mit hoher Dynamik geführt wurden, lagen relativ große Zeiträume, in denen keine Kampfhandlungen stattfanden. Es geschah auch, daß sich die bekämpfenden Parteien gegenüberlagen, ohne daß es zur Gefechtsberührung kam. So lagen sich bei Aigospotamoi die Athener und Spartaner im Dezember 406 v. u. Z. fünf Tage gegenüber, ehe sie mit den Kampfhandlungen begannen. Zum Stellungskrieg im heutigen Sinne kam es, wenn man von den Belagerungen absieht, selten.

Typisch war, daß nach der Schlacht oder dem Gefecht, soweit noch möglich, der Rückzug angetreten und Vorbereitungen für neue Kampfhandlungen getroffen wurden.

Um das Kriegsziel zu erreichen, führte man mitunter mehrere Feldzüge oder Kriege, zwischen denen entsprechende Pausen zu ihrer Vorbereitung lagen. So bestand der Griechisch-Persische Krieg im Prinzip aus vier Feldzügen und sich daran anschließenden 30 Jahren schwerfällig verlaufender Kampfhandlungen.

Für die Kriege in der auf Sklaverei beruhenden Gesellschaftsformation war eine lange Dauer typisch, die sich aus der relativen ökonomischen, militärischen und politischen Gleichwertigkeit der sich gegenüberstehenden Parteien und aus den an heutigen Maßstäben gemessenen geringen Möglichkeiten zur Versorgung und Auffüllung der kämpfenden Truppe ergab. So dauerte der Griechisch-Persische Krieg 41 Jahre, der Peloponnesische Krieg 27 Jahre, und die drei Punischen Kriege zogen sich über insgesamt 43 Jahre hin. Eine Kriegsdauer von weniger als zwei bis drei Jahren war selten.

Neben der Vervollkommnung der Methoden der Kriegführung, die aus der weiteren Entwicklung von Bewaffnung, Ausrüstung, Taktik und Strategie resultierten, bildeten sich im antiken Griechenland die Grundlagen der Militärwissenschaft als relativ selbständiger Wissenschaftszweig heraus. Das war nur hier und gerade zu dieser Zeit möglich, da die militärische Praxis als gebende und fordernde Komponente relativ hochentwickelte Grundlagenwissenschaften, wie Philosophie und Mathematik, ein verhältnismäßig hoher Entwicklungsstand der Technik, die Befreiung der Freien von der manuellen Arbeit u. a. sowie die vielfältigen Wechselbeziehungen dieser und weiterer Faktoren untereinander, die Herausbildung der Militärwissenschaft begünstigten und ihre Entwicklung förderten.

Um den Entwicklungsstand der Militärwissenschaft in der auf Sklaverei beruhenden Gesellschaftsformation richtig einschätzen zu können, gilt es zu berücksichtigen, daß sie eine der ersten Etappen bei der Erkenntnis der objektiven Realität des Militärwesens dokumentiert. Da das Streben nach Erkenntnis eine sich ständig fortsetzende Tätigkeit auf einer jeweils höheren Stufe und mit jeweils neuer Qualität ist, muß man von einem Erkenntnisprozeß sprechen und beachten, daß dieser Erkenntnisprozeß als theoretische Aneignung der objektiven Realität durch den Menschen zwei Seiten einschließt, einerseits die objektive Realität der jeweils konkreten Epoche als Objekt und andererseits den Menschen als Träger der konkreten gesellschaftlichen Verhältnisse und des vorhandenen Wissens als Subjekt. Daraus ergibt sich, daß die Resultate des Erkenntnisprozesses unter Berücksichtigung der konkret-historischen Verhältnisse, unter denen Objekt und Subjekt existierten und in Wechselbeziehung miteinander treten, bewertet werden müssen. Diesen Umstand gilt es bei der Einschätzung der antiken Militärwissenschaft ständig zu beachten.

Die Behauptung, in der Antike habe es bereits eine Militärwissenschaft gegeben, schließt die Anerkennung der Existenz einer Militärtheorie ein. Wenn davon ausgegangen wird, daß die Theorie im allgemeinen eine systematisch geordnete Menge von Aussagen bzw. Aussagesätzen über einen Bereich der objektiven Realität oder des Bewußtseins ist, und wenn man diese Aussage auf die Militärtheorie transformiert, so hat diese Behauptung einige Berechtigung. Dabei muß wiederum ins Kalkül gezogen werden, daß für den Beweis ihrer Existenz nur wenige schriftliche Quellen zur Verfügung stehen.

In diesen Quellen werden meist nur Empfehlungen oder Ratschläge zu speziellen Problemen des Militärwesens gegeben, und es ist heute nicht mehr zu beweisen, ob es sich dabei um allgemeingültige Aussagen über die objektive militärische Realität handelt. Sie können aber bedingt als Militärtheorie der Verfasser dieser Quellen anerkannt werden. Bedingt deshalb, weil sie nicht alle Bereiche des Militärwesens umfassen und vielfach nicht geordnet sind. Allein schon der Vergleich der Werke der zeitlich aufeinanderfolgenden Historiker in bezug auf Systematisierung und Verallgemeinerungsgrad der getroffenen Aussagen ist ein klassischer Beweis für den Erkenntnisprozeß, der sich in der Militärwissenschaft insgesamt vollzogen hat.

Der erste, dessen Werk als ein Reglement der antiken römischen Armee betrachtet werden kann, ist Vegetius (4. Jahrhundert u. Z.). Seine «Epitoma rei militaris» (Anleitung zur Kriegswissenschaft) trägt Lehrbuchcharakter und beschäftigt sich mit allen Problemen des antiken Militärwesens.

Was vielen – aus rein subjektiven Gründen – die Anerkennung einer antiken Militärwissenschaft erschwert, ist das Fehlen ebensolcher Lehrbücher oder Reglements wie das des Vegetius. Dabei wird meist nicht beachtet, daß sich hier ein Entwicklungsprozeß vollzogen hat, der mit Vegetius in eine neue Etappe getreten ist. Der Beginn einer neuen Etappe bedeutet aber nicht, daß in der vorhergehenden nichts existierte. Es muß etwas existiert haben, denn jede Etappe schafft die Voraussetzungen für die ihr folgende. Selbstredend ist die Qualität dabei eine andere.

Ein weiterer Weg, der zum Beweis der Existenz einer Militärtheorie in der Antike beschritten werden kann, ist ihr Nachweis an der Kontinuität oder Veränderung in der praktischen militärischen Tätigkeit, wie der Ausbildung der Angehörigen der Streitkräfte, der Organisation der Streitkräfte, der Aufstellung der Kräfte vor und während der Schlacht, den taktischen und strategischen Handlungen usw. Das trifft besonders für die Zeit vor Vegetius zu, da zu dieser Problematik schriftliche Quellen überliefert sind.

Der Beweis ist auch deshalb möglich, da diese praktischen militärischen Tätigkeiten, die objektiv real existierten, keine Ausnahmeerscheinung, sondern die Regel waren, und dazu zwangen, sich mit ihnen auch theoretisch auseinanderzusetzen. Wenn man sich vor Augen hält, welche hohen theoretischen Leistungen in der Antike die Philosophie vollbrachte, gibt es keinen Grund, daran zu zweifeln, daß man nicht auch in der Lage und fähig war, sich mit den Problemen des Militärwesens theoretisch auseinanderzusetzen. Das kann als bewiesen betrachtet werden, selbst wenn aus dieser Zeit keine systematisch geordnete Menge von Aussagen über das Militärwesen überliefert ist und wahrscheinlich auch nicht in der uns gewohnten Form existiert hat.

Eine wichtige Voraussetzung für die Entwicklung der Militärtheorie bildet die Erfahrung; denn nur von der Erfahrung gelangt man über Kenntnisse zur Erkenntnis von Gesetzen, Prinzipien und Regeln. Clausewitz bemerkte in diesem Zusammenhang: «Findet man im Kriege, daß irgendein Mittel sich sehr wirksam gezeigt hat, so wird es wiederholt; einer macht es dem anderen nach, es wird förmlich Mode, und auf diese Weise kommt es, auf die Erfahrung gestützt, in den Gebrauch und nimmt seinen Platz in der Theorie ein.» Gorschkow, der ehemalige Oberbefehlshaber der sowjetischen Seekriegsflotte, schreibt erweiternd zu dieser Problematik: «Im Maße des Gewinnens von Erfahrungen in der Kampfpraxis und der Erweiterung des Gegenstandes der Erkenntnis entstanden anfänglich Keime der Theorie und später der Militärwissenschaft, welche die objektiven Gesetze des bewaffneten Kampfes erforscht.»

Es ist klar, daß die Schlußfolgerungen der Militärtheorie der Antike zu Beginn vorwiegend empirisch basiert waren, aber auch schon deduktiv gewonnen wurden. Aufgrund zunehmender Verbindung zu anderen Völkern und vor allem der eigenständigen Entwicklung von Wissenschaft und Technik sowie fortwährenden Anhäufens empirischen Wissens hat das deduktive Element in der antiken Militärtheorie ständig an Gewicht gewonnen.

Um die gewonnenen Erfahrungen auswerten und verallgemeinern zu können, mußten sie in irgendeiner Form gesammelt und weitergegeben werden. Nach unserem heutigen Erkenntnisstand geschah das Sammeln und die Weitergabe in der Antike bis in die Zeit Homers (wahrscheinlich 8. Jahrhundert v. u. Z.) nur in mündlicher Form. Mit Homer begann die schriftliche Übermittlung militärischer Ereignisse. Deshalb sind, wie Engels ausführte, «die Armeen Griechenlands ... die ersten, von deren detaillierter Organisation wir umfassende und genaue Kenntnisse besitzen». Durch Homer wurde ein wichtiger Schritt in Richtung dauerhafter Vermittlung militärischer Erfahrungen getan, deren besondere Bedeutung darin zu sehen ist, daß sie – einmal schriftlich fixiert – kaum verfälscht werden konnten und der Nachwelt relativ klare Vorstellungen über die Ereignisse des beschriebenen Zeitraums vermitteln.

Die Vermittlung militärischer Erfahrungen und Erkenntnisse aus der antiken Zeit nach Homer geschah hauptsächlich mündlich.

Auch die zeitlich folgenden Historiker wie Herodot (um 484–um 425 v. u. Z.), Thukydides (um 460–396 v. u. Z.) und Xenophon (um 430–354 v. u. Z.), die sich alle auf eine mehr oder weniger sachkundige Darstellung historischer Ereignisse beschränkten und sich relativ wenig mit der Verallgemeinerung militärischer Erfahrungen beschäftigten, brachten kaum eine Änderung. Das war ihnen auch objektiv nicht möglich, denn ihre Manuskripte mußten von Hand abgeschrieben werden, und die Verbreitung dürfte nicht sehr groß gewesen sein. Die mündliche Verbreitung ihrer Ansichten und Meinungen dagegen war sicherlich größer als die ihrer geschriebenen Werke.

Eine höhere Stufe der Verallgemeinerung militärischer Erfahrungen in schriftlicher Form erreichten einige zeitgenössische Historiker, die sich mit der antiken römischen Geschichte beschäftigten. Von ihnen sind besonders Polybius (um 200–120 v. u. Z.), Frontin (um 40 bis um 103 u. Z.), Onasandros (1. Jahrhundert u. Z.) und der bereits erwähnte Vegetius zu nennen. Mehr als die Griechen zogen sie Schlußfolgerungen, gaben Empfehlungen und bemühten sich, den Zusammenhang zwischen Krieg und Politik zu erkennen.

Die schriftlich überlieferten militärtheoretischen Erkenntnisse dürfen nicht als die Militärtheorie der Antike in ihrer Gesamtheit betrachtet werden. Sie war wesentlich umfangreicher, wenn dafür auch der unmittelbare schriftliche Beweis fehlt. Deshalb muß zu ihrer Darstellung der Weg der Interpretation der praktischen militärischen Tätigkeit beschritten werden. Dazu soll das vorliegende Buch einen bescheidenen Beitrag leisten.

Die Herausbildung der Schiffahrt
im Mittelmeerraum

Bis heute werden an die Flotten u. a. folgende Aufgaben gestellt:
1. der Transport von Gütern, Waren und Personen,
2. die Gewinnung von Nahrungs- und Futtermitteln sowie Rohstoffen,
3. die Erfüllung militärischer Aufgaben und
4. die Lösung von Forschungsaufgaben.

Für die Urgesellschaft allerdings gilt dies nur in sehr beschränktem Rahmen, da die Produktivkräfte nur gering entwickelt waren und nur für den Eigenbedarf produziert wurde. So entfiel ein Austausch von Waren und Gütern. An die Lösung von Forschungsaufgaben war nicht zu denken und die Erfüllung militärischer Aufgaben in der nichtantagonistischen Urgesellschaft nicht nötig. Auseinandersetzungen zwischen Sippen, Stämmen und Gentes waren keine Kriege, sondern lediglich Kämpfe, die nach strengen Regeln verliefen und denen meist Verhandlungen vorausgingen. Aufgrund der primitiven Produktionsinstrumente konnte der Fischfang nur in geringem Umfang betrieben werden. Zuerst wurde vom Ufer aus mit Speer, Wurfspieß oder Harpune auf den Fisch Jagd gemacht. Bald wird man jedoch bemerkt haben, daß die «Fischjagd» vom Wasser aus ergiebiger war. Aber auf das Wasser hat man sich erst nach und nach gewagt. So dienten in der Urgesellschaft Boote bzw. Flöße hauptsächlich dem Fischfang.

Der Phöniker Sankionaton schrieb vor 4000 Jahren: «Gewitter tobten über Tyrs Wald. Vom Blitz getroffen, gingen viele Bäume in Flammen auf oder zerbarsten. Im panischen Schrecken packte Osous einen der Baumstämme, entfernte die Äste und wagte sich, fest an den Stamm geklammert, als erster auf die Fluten hinaus.»

Natürlich wird Osous nicht der erste Mensch gewesen sein, der sich auf das Wasser gewagt hat, aber so oder so ähnlich kann es sich abgespielt haben. Bald wurde bemerkt, daß sich zwei zusammengebundene Bäume nicht mehr im Wasser drehten, und der Schritt zum Floß war nicht mehr weit.

Der Einbaum, der dem Floß in der zeitlichen Entwicklung sicher folgte, verlangte zu seiner Herstellung schon mehr Geschick und bessere Werkzeuge, d.h., schon in der frühesten Entwicklung der Schiffahrt ist der Einfluß des Entwicklungsstandes der Produktivkräfte und der Produktionsinstrumente auf den Boots- bzw. Schiffbau, soweit man davon sprechen kann, unverkennbar. Da die Herstellung eines Einbaums wesentlich komplizierter war und länger dauerte als die Herstellung eines Floßes, wurde dies erst sinnvoll, als ein Fahrzeug über längere Zeit gebraucht wurde. Das war der Fall, als die Menschen in einem bestimmten Gebiet seßhaft wurden, regelmäßig Fischfang betrieben oder mit anderen Menschen in bestimmte Beziehungen traten.

Mit der weiteren Entwicklung der Produktivkräfte bildeten sich Klassen und damit Klassengegensätze heraus. In Mesopotamien, im Nildelta und in Indien kam es, unabhängig voneinander und örtlich begrenzt, zur Herausbildung der ersten Staaten in der Menschheitsgeschichte. Die Produktion stieg, und der Austausch von Waren wurde möglich, wünschenswert und notwendig. Sicher vollzog sich dieser einfache Warenaustausch, der sich immer mehr zum regelrechten Handel entwickelte, vor allem über Landverbindungen. Dort, wo die Möglichkeiten bestanden, reifte bald die Erkenntnis, daß der Wasserweg für den Handel wesentliche Vorteile bringt. In Verbindung mit dem Entwicklungsstand der Produktivkräfte erwuchsen die Voraussetzungen zur Entwicklung der Schiffahrt, d.h. einer Flotte mit den notwendigen Folgeeinrichtungen, wie Werften, Häfen, nautischen Einrichtungen und anderem.

Mit einiger Sicherheit läßt sich heute sagen, daß das erste Schiff im Mittelmeerraum auf dem Nil schwamm und nicht aus Holz gefertigt war. Jedes Jahr einmal, in den Monaten Juli bis November, trat der Strom über seine Ufer, das umliegende Land düngend und die etwas höherliegenden Ansiedlungen in Inseln verwandelnd. Als sich eine einzelne Dorfgemeinschaft für die Be- und Entwässerungsarbeiten, d.h. den Deich- und Kanalbau, als zu klein erwies und sich deshalb mehrere Dorgemeinschaften zusammenschlossen, konnten die erforderlichen Verbindungen während der Überschwemmungen nur mit Schwimmitteln hergestellt werden. Als Baumaterial wurden dafür das dort wachsende Papyrusschilf und Rohrstengel genutzt. Zwei bis drei trockene Papyrusbündel reichten aus, um einen Mann über kurze Strecken zu tragen. So wird durch das Zusammenschnüren einiger Bündel das Floß entstanden sein. Diese Schwimmittel ließen sich auch nutzen, wenn der Nil kein Hochwasser führte. Aber zur Erfüllung der wachsenden Aufgaben reichten sie im Laufe der Zeit nicht mehr aus, so lohnte sich der Bau von Booten und Schiffen. Daraus resultiert, daß das Schiff zuerst in Ägypten entstand, da es dort zur gesellschaftlichen Notwendigkeit wurde und entsprechendes Baumaterial vorhanden war.

Der Gebrauchswert dieser aus Papyrusschilf hergestellten Fahrzeuge war sehr niedrig, da sich das Schilf nach einer gewissen Zeit mit Wasser vollsog und die Boote infolgedessen ihre Schwimmfähigkeit verloren.

Um diesen Nachteil zu beheben, ging man zum Bau oder, wie die Ägypter sagten, zum «Binden» von Holzbooten über. Dazu standen in Ägypten nur die knorrige Akazie und die Sykomore

Papyrusfloß

zur Verfügung, da die Einfuhr von brauchbarem Holz aus Palästina oder Syrien ökonomisch nicht vertretbar war. Deshalb mußte man lernen, mit den einheimischen Holzarten umzugehen. Die Schiffbautechnik paßte sich dem Material an, und es wurden nur kurze Holzstücke verarbeitet; Kiel und Spanten gab es nicht. Eine Kalfaterung mit Papyrusschilf sorgte für eine ausreichende Dichtheit. Durchgehende Decks dürften zu dieser Zeit noch nicht die Regel gewesen sein. Die Mehrzahl der Boote und Schiffe verfügte über Paddel und ein Segel.

Das ägyptische Seeschiff entwickelte sich aus dem Nilschiff zu einer Zeit, als die Bedingungen dafür herangereift waren, als am Nil aus der lockeren Verbindung von Volksstämmen ein Pharaonenstaat geworden war, der aufgrund seiner starken Zentralgewalt Voraussetzungen für den Außenhandel schaffen konnte. Erst als durch die gesellschaftliche und damit auch die ökonomische Entwicklung in Ägypten ein Außenhandel notwendig und wünschenswert wurde, begann der Bau von Schiffen, die diesen Außenhandel realisieren konnten.

Aus der Zeit des Königs Snofru (etwa 2840–2816 v. u. Z.) stammt die erste Nachricht über eine ägyptische Seeverbindung. Es wird berichtet, daß eine Flotte von 40 Schiffen, mit Zedernholz von der phönikischen Küste beladen, glücklich in den Heimathafen zurückkehrte.

Die ältesten Abbildungen solcher seegehenden Fahrzeuge sind aus dem Totentempel des Königs Sahure (2673–2661 v. u. Z.) bekannt.

Die Form der ägyptischen Seeschiffe ähnelte sehr stark der der Papyrusboote des Nils. Um die Anforderungen, die an einen stabilen Querverband gestellt wurden, zu erfüllen, legte man um den gesamten Rumpf ein Tau. Von diesem Tau verliefen in gewissen Abständen, von einer Bordseite zur anderen, Taue über das Oberdeck. Wurde das Tauwerk durch das Seewasser naß, krimpte es und preßte den Rumpf zusammen. Später ersetzten Balken, die von einer Bordseite zur anderen verliefen und beidseitig durch die Bordwände gesteckt wurden sowie außenbords befestigt waren, die komplizierte Tauwerkskonstruktion. Zur Verstärkung des Längsverbands wurde vom Bug bis zum Heck ein Tau gespannt. Dieses Tau lief über einige Gabeln, die sich auf den Schiffsboden stützten. Durch Drehen eines Holzes, das durch das Tau gesteckt wurde, konnte diese Längsversteifung angezogen werden. Das ägyptische Seeschiff konnte durch Segel und Riemen fortbewegt werden.

Die nautische Beschaffenheit des Seegebietes von der Nilmündung bis zur phönikischen Küste kam aufgrund ihrer Unkompliziertheit den noch unerfahrenen ägyptischen Seeleuten entgegen. So konnte diese Strecke in etwa vier Tagen zurückgelegt werden. Die Wassertiefen gestatteten es, in einer Entfernung von etwa zwei Seemeilen von der Küste zu segeln bzw. zu rudern. Vorrangig wurde bei der Überfahrt das Segel genutzt. Nur in Ausnahmefällen griff man zu den Riemen.

In dieser Zeit entwickelte sich auch die Seeschiffahrt der Phöniker. Aus den Annalen des Thutmosis III. (1490–1438 v. u. Z.) ist überliefert, daß gegen Ende seines dritten Feldzugs an der nordsyrischen Küste einige Fahrzeuge erbeutet und zum Transport von Gütern nach Ägypten genutzt wurden. Die Vermutung liegt nahe, daß es sich hierbei um phönikische Schiffe gehandelt hat, da der Ägypter Thutmosis kaum eigene Schiffe erbeutet haben wird und die ökonomische Entwicklung der phönikischen Städte den Bau solcher Schiffe durchaus zuließ. Zum anderen ist bekannt, daß die phönikischen Städte zu dieser Zeit einen lebhaften Handel führten: mit Wein, Zedernholz und anderen Waren, die aus eigener Produktion stammten. Aber auch Waren, die durch Karawanen aus dem vorderasiatischen Binnenland an die Küste gelangten, wurden gehandelt.

Die phönikische Kolonisation, die im 10. Jahrhundert v. u. Z. von Tyros aus einsetzte, erfaßte nie das Binnenland, sondern begnügte sich mit der Schaffung fester Handelsplätze an der Mittelmeerküste. So wurden Handelsniederlassungen auf Zypern, Sizilien, Malta, Sardinien, in Nordafrika und in Südspanien gegründet. Karthago errang in den folgenden Jahrhunderten als Handels- und Seestadt des westlichen Mittelmeergebiets die größte Bedeutung.

Die ersten bekannten Abbildungen phönikischer Schiffe stammen aus einem Grab bei Theben. Sie ähneln sehr stark Abbildungen ägyptischer Schiffe. Danach ist der gesamte Rumpf mit seinen Stabilisierungseinrichtungen übernommen worden. Das Rahsegel war an zwei Rahen angebracht und das Ruder dem der ägyptischen Schiffe sehr ähnlich. Im Unterschied zu den ägyptischen Schiffen wurde das Schanzkleid aber höher gezogen und das Segel nicht gefiert, sondern gehißt.

Aufgrund des Zusammenbruchs des Hethiterreiches und der zunehmenden Schwäche Ägyptens konnten die Phöniker ihren Machtbereich wesentlich erweitern. Durch den Handel, den sie betrieben, wurden die Arbeitsteilung, die Ware-Geld-Beziehung

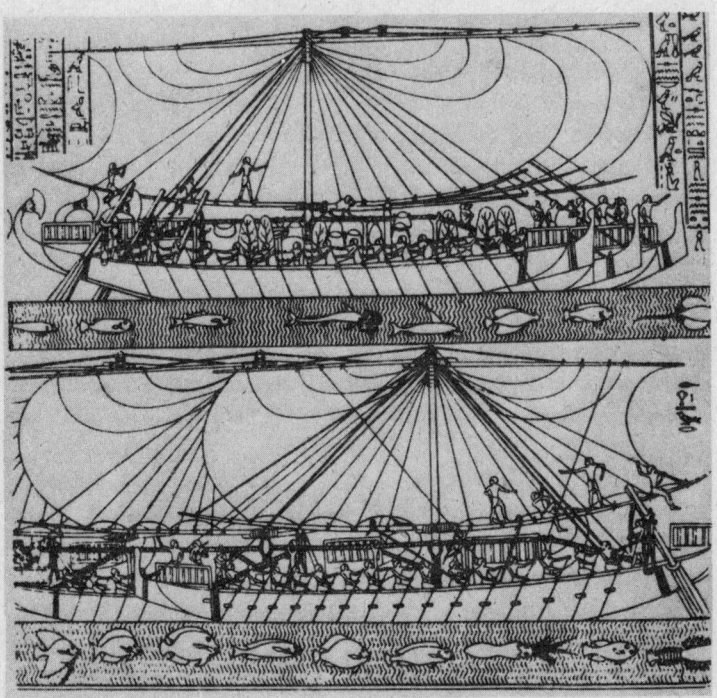

Ägyptische Seeschiffe aus der Zeit der Königin Hatschepsut (um 1480 v.u.Z.). Diese, im Felsentempel von Deir el-Bahari, im altägyptischen Theben, gefundenen Reliefs, stellen in Wort und Bild eine Seereise nach dem Lande Punt, wahrscheinlich die heutige Somaliküste, dar. Deutlich sind an jedem Schiff zwei Ruder und über Gabeln verlaufende Taue zur Längsversteifung zu erkennen. An einem Schiff sind die durch die Bordwand geführten Balken zur Querversteifung sichtbar

und die Herausbildung neuer Eigentumsformen wesentlich geför-
dert, was zur Zerstörung der ökonomischen Basis der altorientalischen Klassengesellschaft beitrug. Durch den Niedergang Ägyptens ging fast der gesamte zivile Seeverkehr im östlichen
Mittelmeer in phönikische Hände über. Für die weitere gesellschaftliche Entwicklung in diesem Gebiet wurden aber das antike
Griechenland und später das Römische Imperium bestimmend.

Die Seekriegführung im antiken Griechenland

Die maritime Entwicklung

Ungefähr 1200 v. u. Z. drangen Phryger und Thraker, mykenische Burgpaläste und Siedlungen zerstörend, auf das griechische Festland vor. Die gegen Ende des 12. Jahrhunderts v. u. Z. nachdrängenden Dorier und Nordwestgriechen besiegelten den Untergang der mykenischen Kultur. Diese Einwanderung und die kriegerische Landnahme führten zu weiteren Bevölkerungsbewegungen, in deren Verlauf sich die Ethnogenese der griechischen Stämme vollzog. Diese griechischen Stämme trugen während der Zeit ihrer Wanderungen noch starke Merkmale einer gentilen Organisation, die sich natürlich auf ihre Seßhaftwerdung auswirkten. Sie siedelten in geschlossenen Dörfern, gliederten sich in Stämme und Sippen und besaßen eine Sippenaristokratie. Durch die ständige Gefahr eines Angriffs von seiten neuer Eroberer oder der altansässigen und unterworfenen Bevölkerung sahen sich die Griechen veranlaßt, sich militärisch zu organisieren und die verstreut liegenden Siedlungen zusammenzuschließen. Wenn diese Vorgänge auch nur aus Attika überliefert sind, so kann angenommen werden, daß sie sich in allen griechischen Siedlungsgebieten vollzogen, da sie im Interesse der neuen Bewohner lagen. Die Machtbefugnisse der Sippenaristokratie wuchsen dadurch.

Gewiß kam es zwischen diesen Siedlungsgebieten sowie mit anderen Völkern zu Handelsbeziehungen. Nachweisbar ist das anhand von Amphoren mit geometrischem Dekor und kleinen Gegenständen aus Eisen und Bronze bereits gegen Ende des 9. Jahrhunderts v. u. Z. Die Handelsbeziehungen wurden von solchen Zentren wie Milet, Athen und Sikyon aus aufgenommen.

Die Poleis, die zunächst einen Zusammenschluß freier, wehrfähiger Bodeneigentümer in einer autonomen, geschlossenen griechischen Siedlung darstellten, verbreiteten sich vom Ende des

9. Jahrhunderts v. u. Z. vom griechischen Festland und Kleinasien aus an den Küsten des Mittelmeeres und des Schwarzen Meeres.

Innerhalb der Polis gewannen einige Angehörige der Aristokratie durch Handel, Raub und Ausbeutung gegenüber anderen Polisangehörigen Machtpositionen. Sie waren am Handel innerhalb und außerhalb des Polismarktes interessiert. Auch andere Polisangehörige begannen sich auf Gebiete außerhalb ihrer Polis zu orientieren. Die Motive waren dafür jedoch sehr unterschiedlich. Während sich die Händler auf der Suche nach gewinnbringenden Geschäften befanden, versuchten verschuldete oder landlose Bauern anderswo neues Ackerland zu erwerben und der Ausbeutung durch die großen Grundeigentümer zu entgehen. Die wichtigsten Kolonisationsgebiete waren die Küsten des Mittelmeeres und des Schwarzen Meeres, die die Griechen durch ihre Kontakte mit den Phönikern sowie durch eigene Handels- und Entdeckungsfahrten kannten. Denkbar ist, daß es sogar im Interesse der reichen Eigentümer lag, einen Teil der verarmten Polisbevölkerung auswandern zu lassen, hatten sich doch schon verschiedentlich Tendenzen gezeigt, daß verarmte Aristokraten, die einen Aufstand gegen die «harten Herren» anzettelten, mit Verbannung bestraft wurden. Polisangehörige konnten auch durch Entscheidung des jeweiligen Polisrates zur Auswanderung gezwungen werden und wurden, falls sie die Fahrt grundlos abbrachen, wie Feinde behandelt. Die Kolonisten verloren auch den Anspruch auf ihr Eigentum in der Heimat.

Die Kolonisationsbewegung dehnte sich in der Mitte des 7. Jahrhunderts v. u. Z. bis nach Ägypten und Unteritalien aus. Es liegt auf der Hand, daß sich dadurch der Handel stark entwickelte. So reichten die Handelsbeziehungen bis Syrien (Posideion – Al Mina) und Spanien (Tartessos).

Durch die Kolonisation entstand vielfach Arbeitskräftemangel, den man durch Einsatz von Sklaven auszugleichen versuchte. Es ist zu beobachten, daß sich die Sklaverei dort am stärksten durchsetzte, wo sich Warenproduktion und Privateigentum am weitesten entwickelt hatten.

Die Entwicklung der griechischen Poleis ging stürmisch voran, Handel und Wandel blühten, so daß die Handelsbeziehungen im einfachen Tauschverkehr bald nicht mehr realisierbar waren.

Dieser Umstand führte etwa gegen Ende des 7. Jahrhunderts v. u. Z. zur Einführung von Münzgeld. Die Gesetze und Verfassungen der einzelnen Staaten wurden schriftlich fixiert. Trotz dieser vielen Gemeinsamkeiten bildeten sich auf der Grundlage der unterschiedlichen Ergebnisse der Klassenauseinandersetzungen örtliche Unterschiede heraus.

Die stürmische gesellschaftliche und ökonomische Entwicklung bedingte die weitere Entfaltung des Handels. Seine Ausweitung erforderte aufgrund der geographischen Lage Griechenlands auch die Schaffung von Seeverbindungen. Dazu wurden Schiffe benötigt, und man war gezwungen, welche zu bauen: zunächst Handelsschiffe. Bald darauf mußten zur Sicherung des Seehandels vor Piraten und Übergriffen anderer Staaten kriegsschiffähnliche Fahrzeuge gebaut werden. Diese Fahrzeuge wurden allerdings auch zu Überfällen auf Handelsschiffe anderer Staaten eingesetzt. Unabhängig davon dürfte ihre Hauptaufgabe im Transport von Waren und Gütern aller Art bestanden haben. Als reine Kriegsschiffe können sie nicht bezeichnet werden. Polykrates von Samos (gest. 522 v. u. Z.) war wohl der erste Grieche, der die Bedeutung einer Kriegsflotte erkannte. Sicherlich reifte diese Erkenntnis auf der Grundlage handfester Notwendigkeiten und der Möglichkeiten zum Bau einer solchen Flotte. Er ließ gegen Ende des 6. Jahrhunderts v. u. Z. 100 Fünfzigruderer und 40 Trieren bauen. Mit Hilfe dieser Flotte unterwarf er die Bewohner einer Reihe von Inseln und Küstenstädten, was ihm mit einem Heer allein unmöglich gewesen wäre.

Die ersten schriftlichen Zeugnisse über griechische Schiffe haben wir durch die Ilias und Odyssee. Da es Homer mehr auf die Schilderung von Heldentaten als auf die exakte Beschreibung von Schiffen seiner Zeit ankam, können lediglich bestimmte Einzelheiten aus den Epen zur Rekonstruktion des Schiffes des Homerischen Zeitalters herangezogen werden. Alle Angaben ergeben sich deshalb aus Schlußfolgerungen und sind nicht immer als gesichert zu betrachten. Manche Details können überhaupt nicht mehr rekonstruiert werden. Trotzdem lassen sich ungefähre Vorstellungen vom Schiff des Zeitalters, in dem Homer lebte, gewinnen.

Als Schiffbaumaterial wurden Eiche, Tanne, Fichte und Weißpappel genutzt. Der Kiel und die Spanten bestanden vorrangig aus Eichenholz, die anderen Teile des Schiffes in der Regel aus anderen Holzarten. Daß man über die Behandlung des Holzes bereits gut Bescheid wußte, belegt die Vorschrift des Hesiod (um 700 v. u. Z.), die Ratschläge über die Auswahl, Lagerung, Qualität und Dimensionen des zu verwendenden Holzes enthielt. Hesiod gab auch bestimmte Empfehlungen zum Schiffbau. So sollten die Bäume, die zum Schiffbau bestimmt waren, am 17. Tag eines Monats gefällt werden, der Baubeginn des Schiffes hatte am 4. Tag und der Stapellauf am 29. Tag eines Monats zu erfolgen.

Zur Holzbearbeitung standen unterschiedliche Werkzeuge zur Verfügung. Homer beschreibt zwei Arten von Beilen und Bohrern. Eine Säge erwähnte er nicht, aber es ist anzunehmen, daß sie zur damaligen Zeit schon bekannt war und genutzt wurde. Auch ein Hammer wird nicht genannt. Das Eintreiben der hölzernen Pflöcke und Zapfen wird aber sicherlich mit Hämmern geschehen sein.

Den Kiel bildete ein langer, wahrscheinlich viereckiger, sorgfältig bearbeiteter, gerader Balken. Seine Breite und Höhe dürften 25 bis 30 cm betragen haben.

Der Vorsteven war stark nach vorn geneigt und auf dem Kielbalken aufgesetzt. Über den Achtersteven sowie über die Heckform wird nichts berichtet.

An den Spanten wurde die Beplankung, sicherlich mit Holzpflöcken, befestigt. Über die Beplankungsart ist nichts bekannt. Ein durchgehendes Deck fehlte. Lediglich im Bug und im Heck befand sich ein Deck, wobei das achtere größer gewesen ist. Das erklärt sich daraus, daß es für die Schiffsführung wesentlich wichtiger war als das vordere und hier Proviant, Lasten und anderes aufbewahrt wurden. Beide Decks hatten ein Schanzkleid. Als ungefähre Schiffslänge dürfen 10 m angenommen werden.

In einer bestimmten Entfernung von jeder Bordwand verlief je ein Balken, der zur Längsversteifung diente und auf dem kurze Bretter angebracht waren. Diese Bretter reichten bis zu den Spanten und dienten als Ruderbänke. Unter den Ruderbänken waren Gerätschaften verstaut. Auch Gefangene wurden dort untergebracht. Damit der Ruderer einen festen Halt hatte, war schräg vor ihm eine Stemmleiste eingebaut. Die Ruderer saßen an jeder

Bordseite in einer Reihe hintereinander mit dem Rücken zum Bug, wodurch sie den Schiffsführer ständig im Auge hatten.

Der aus Tannenholz gefertigte Riemen eines Ruderers bestand aus einem Riemenschaft, an dessen Ende ein Blatt befestigt war, er wurde von einem Ruderer bedient. Vermutlich lag der Riemen in einem Dollbord und war gegen ein Herausrutschen gesichert. Das Ruder war wahrscheinlich ein vergrößerter Riemen. Bei Homer ist nur ersichtlich, daß es aus mehreren Teilen bestand und ausgehangen werden konnte.

Der Mast bestand ebenfalls aus Tannenholz und muß eine Höhe von etwa 6 m gehabt haben. Der Mastfuß ruhte in einem in Fahrtrichtung offenen Mastschuh. Da man nur vor dem Wind segelte, stand der Mast fest, und es bestand die Möglichkeit, ihn ohne Schwierigkeiten nach achtern umzulegen. Um ihn vor dem Abkippen nach achtern zu sichern, wurden von der Mastspitze bis zum Bug zwei Stage gespannt.

Am Mast befand sich eine Rah, die über ein Fall vorgeheißt werden konnte. Dumper hatte die Rah wahrscheinlich nicht. Dafür waren an beiden Enden der Rah Brassen, die zum Heck des Schiffes liefen, befestigt. An den unteren Enden des Segels befand sich je eine Schot. Mit den Brassen und Schoten wurde das Segel bedient. Reffbändsel oder Zeisings waren bereits im Gebrauch. Über ein Rack wurde nichts berichtet.

Aus welchem Material das Segel bestand, ist nicht ersichtlich. Homer läßt erkennen, daß das Segel noch im zusammengerollten Zustand gemeinsam mit der Rah vorgeheißt und erst danach herabgelassen wurde. Unklar bleibt allerdings, wie die Zeisings, die sich in einer Höhe von drei bis vier Metern über den Ruderbänken befunden haben müssen, gelöst wurden. Das Reffen des Segels ist klarer beschrieben. Es wurde einfach die Rah herabgelassen und das Segel beigebunden.

Das stehende und laufende Gut wurde aus Lederriemen geflochten oder gedreht. Die Festmacherleinen waren aus Binsen oder Schilf gefertigt.

Das Heck wurde mit Verzierungen versehen, während der Bug wahrscheinlich blau gepönt war. Auch Rot muß angewendet worden sein. Leider ist nicht klar zu ersehen, ob der übrige Rumpf ebenfalls farbig gestaltet war.

Rekonstruktion eines Schiffes des Homerischen Zeitalters

Zur damaligen Zeit müssen bereits eingerichtete Liegeplätze vorhanden gewesen sein, denn es ist von Steinen die Rede, die in die Erde versenkt und mit einem Loch versehen waren, durch das die Festmacherleine gezogen wurde. Allerdings dürfen unter diesen Liegeplätzen keine Kais im heutigen Sinne verstanden werden. Es hat sich um seichte Strände gehandelt, auf die die Schiffe entweder ganz oder teilweise aufgeslippt wurden. Dabei lagen die Schiffe auf Kiel und wurden durch Balken, die neben dem Kiel lagen, gesichert. Auch Stangen, die das Schiff an jeder Bordseite abstützten, dürften verwendet worden sein. Homer schreibt, daß die Schiffe auf Reede lagen. Dabei lagen sie entweder im freien Wasser und hielten sich mit Hilfe eines Ankersteins auf Position, oder sie lagen so dicht an der Strandlinie, daß der Ankerstein auf den Strand gelegt werden konnte. Weiter berichtet er von zwei Stangen, wovon eine als Bootshaken angesehen werden muß und die zweite, etwa 10 m lange, als Waffe betrachtet werden kann.

Die ersten Abbildungen von Handelsschiffen sind auf den sogenannten schwarzfigurigen Vasen des 7. und 6. Jahrhunderts v. u. Z. zu sehen. Besonders auffallend ist ihr großer Sprung, der eine Reihe von Vorteilen bietet, da er die Übernahme von Wasser an Bug und Heck vermindert und die Segeleigenschaften verbessert. Das Verhältnis von Länge und Breite war bei diesen Schiffen stark zugunsten der Breite verschoben. Es mag sich zwischen 3:1 und 4:1 bewegt haben. Dadurch wurde die Stabilität des Schiffes erhöht und mehr Laderaum gewonnen. Größere Schiffe sind wahrscheinlich mit einem durchgehenden Deck versehen worden, einmal, um dem Schiff mehr Festigkeit zu geben, zum anderen, um die Ladung vor Wasser zu schützen. Das Deck dürfte eine Reling besessen haben. Als Antrieb diente hauptsächlich das Segel, da eine Fortbewegung dieser plumpen und schweren Schiffe auf See unter Verwendung von Riemen schlecht möglich war. Riemen wurden lediglich zum Verholen und Bugsieren eingesetzt. Das Segel war an einem fest eingebauten Großmast befestigt. Große Segel wurden durch Lederstreifen verstärkt. Außer am Großmast konnte noch an einem kleinen, am Bug befindlichen und schräg nach vorn stehenden Mast ein wesentlich kleineres Rahsegel gefahren werden. Als Segelfläche können für das Großsegel 100 m^2 bis 110 m^2 und für das kleinere Rahsegel 40 m^2 bis 50 m^2 angenommen werden. Die Bauart des Rumpfes und die Segelfläche garantierten eine Geschwindigkeit von 4 kn bis 6 kn. Höhere Geschwindigkeiten müssen als Ausnahme angesehen werden, obwohl sie sicherlich erreicht wurden.

Das Vorbild für ihre Kriegsschiffe fanden die Griechen wahrscheinlich bei den Kretern, die im Kriegsschiffbau und in der Seekriegführung Jahrhunderte hindurch Erfahrungen sammeln konnten.

So übernahmen die Griechen die langgestreckte Form des Schiffes, den kaum geschwungenen Kiel, das emporgezogene und geschwungene Heck, den über den Sporn fast senkrecht emporsteigenden Vorsteven und das überhöhte Halbdeck. Die Kriegsschiffe waren leichte und lange Ruderboote von geringem Tiefgang und vorn mit einem Rammsporn als Verlängerung des Kiels versehen. Die Ruderbänke verliefen von einer Bordseite zur anderen, gleichzeitig als Querverband dienend. Die Riemen wurden an je einem Dollpflock, der sich auf dem Dollbord befand, befestigt. Ein Kampfdeck für die Krieger befand sich über den Ruderern, es war nicht wasserdicht und erstreckte sich vom Bug bis zum Heck. Es diente gleichzeitig zur Versteifung des Längsverbandes und hatte in der Regel eine Reling, an der die Schilde der Krieger hingen. Die meisten Fahrzeuge waren mit einer Segeleinrichtung ausgerüstet. Auffallend ist, daß es für die Ruderer keinen Schutz vor Spritzwasser und feindlichen Geschossen gab. Dieser Schutz kam erst später auf. Es ist möglich, daß die Krieger in besonderen Fällen vom Kampfdeck aus ebenfalls ruderten.

Die Taktik des Seegefechts war zur damaligen Zeit denkbar einfach. Man versuchte, an das gegnerische Schiff längsseits zu gehen und es durch Hinüberspringen zu entern. Danach kam es zum Kampf Mann gegen Mann, wobei die Anzahl der Krieger und deren Ausbildungsstand für den Ausgang des Seegefechts von ausschlaggebender Bedeutung waren.

Ungeachtet dessen, daß das Gefecht im Nahkampf entschieden wurde, spielte das Schiff mit seinen Manövereigenschaften eine große Rolle, besonders wenn es um die Verfolgung des Gegners ging oder wenn eine günstige Ausgangsposition zum Rammen eingenommen werden sollte.

Um eine hohe Geschwindigkeit zu erreichen, versuchte man

die Anzahl der Ruderer zu erhöhen. Dazu war eine Vergrößerung der Schiffslänge nötig. Holz als einziges Schiffbaumaterial ließ aber nur eine Schiffslänge von 30 m bis maximal 40 m zu. Baute man längere Schiffe, bestand die Gefahr, daß sie auseinanderbrachen.

So waren durch den damaligen Stand der Technik dem Schiffbau und dadurch auch der Entwicklung der Seekriegskunst Grenzen gesetzt. Erst die weitere gesellschaftliche Entwicklung forderte und schuf neue Mittel und Methoden, die den Schiffbau vorantrieben. Damit wurden die Grundlagen auch zur weiteren Vervollkommnung der Seekriegskunst gelegt, wobei sie selbst als stimulierender Faktor wirkte.

Die Lage im östlichen Mittelmeer vor Beginn des Griechisch-Persischen Krieges (500–449 v. u. Z.)

Die gesellschaftliche Lage beider Seiten zu Beginn des Krieges

Im 6. und 5. Jahrhundert v. u. Z. erlebte die Polisordnung im östlichen Mittelmeer ihre Blütezeit. Auf Sizilien und in den unteritalienischen Gebieten hatte sich ebenfalls die Polisordnung herausgebildet, konnte aber aufgrund der Abwehrkämpfe gegen die Italiker, Etrusker und Karthager keine weitere Entwicklung erfahren, so daß sich als Schwerpunkte der gesellschaftlichen Entwicklung Griechenland und Kleinasien herauskristallisierten. In den europäischen und kleinasiatischen Siedlungsgebieten der Griechen verlief die Entwicklung auf der Grundlage der antiken Eigentumsformen der Sklaverei und der Ware-Geld-Beziehungen. Die gesellschaftlichen Widersprüche spitzten sich zu, was sich besonders gut an der Entwicklung Athens verfolgen läßt. Ein Ausdruck dieser Entwicklung ist die von dem athenischen Staatsmann und Dichter Solon (um 640–560 v. u. Z.) im Jahre 594/593 v. u. Z. vorgenommene Gesetzesreform. Die solonische Reform teilte die Bürger Athens nach Vermögensklassen, die auf der Grundlage des Jahresertrages des Bodeneigentums bzw. gleichgestellter Eigentumsformen basierte, ein. Daraus ergaben sich bestimmte Rechte und Pflichten. In der ersten Vermögensklasse überwogen aristokratische Grundeigentümer, während sich die zweite Vermögensklasse hauptsächlich aus städtischen Gewerbetreibenden zusammensetzte. Diese beiden Vermögensklassen besetzten in der Regel die höchsten Staatsämter. Die dritte Vermögensklasse bestand vor allem aus Bauern und mittleren städtischen Handwerkern. Freie Kleineigentümer und eigentumslose Bürger stellten schließlich die Angehörigen der vierten Vermögensklasse.

Die solonische Reform konnte die sozialen Widersprüche aber nicht lösen, da der Grundbesitz nicht angetastet wurde, im Gegenteil, diese spitzten sich eher zu, so daß es durch Peisistratos (um 600–528/527 v. u. Z.), der sich als Adliger gegen die Aristokratie stellte, im Jahre 545 v. u. Z. endgültig zur Tyrannis kam. Er führte erstmals Ertrags- und Einkommenssteuern ein, schuf eine einheitliche Währung, die «attischen Eulen», legte Export- und Importzölle fest und vergab staatliche Kredite. Diese Maßnahmen führten zur Erweiterung der Ware-Geld-Beziehungen und belebten die Wirtschaft.

Klassengegensätze führten 509/507 v. u. Z. erneut zu einer Änderung der Verfassung, deren wichtigstes Ergebnis die Gliederung des Staates nach territorialen Gesichtspunkten und die theoretische Gleichstellung aller freien Bürger Athens war.

Die zahlenmäßige Zunahme von landlosen und landarmen Bauern gegen Ende des 6. Jahrhunderts v. u. Z. führte, da man die bestehenden Besitzverhältnisse nicht antasten wollte, zur weiteren Kolonisierung fremden Territoriums. So wurden erstmals gegen Ende des 6. Jahrhunderts v. u. Z. auf der Insel Euböa 4000 Athener, die alle Bürgerrechte behielten, in einer Militärsiedlung seßhaft gemacht. Dadurch schuf sich Athen nicht nur militärische Stützpunkte, sondern auch Stützpunkte für Handel und Gewerbe außerhalb des eigenen Territoriums.

In Sparta hingegen waren Lebensform und Staatsaufbau nicht durch eine schriftlich fixierte Verfassung geregelt, sondern stützten sich auf Traditionsrecht. Das private Eigentum an Grund und Boden entwickelte sich nicht weiter. So war das gesamte Territorium Spartas Staatsland und damit Gemeineigentum, auf dem die Heloten arbeiteten, während die Spartiaten die Jagd und den Krieg als ihre Arbeit betrachteten. Die Jugend, die nicht durch die

Familie, sondern durch den Staat erzogen wurde, übte sich schon frühzeitig im Waffenhandwerk, wohingegen Wissenschaft und Kunst kaum eine Rolle spielten. Unter diesen Bedingungen konnten sich auch die staatlichen Einrichtungen nicht weiterentwikkeln. Doch aufgrund seiner militärischen Stärke übernahm Sparta in dem um 500 v. u. Z. gegründeten Peloponnesischen Bund die Führung und konnte sich zur stärksten Landmacht Griechenlands entwickeln.

Die griechischen Polis hatten trotz aller Unterschiede und Eigenständigkeiten gewisse gemeinsame Merkmale. So war es überall höchste Ehre und Pflicht eines frei geborenen Griechen, falls erforderlich, in der Armee seiner Polis zu dienen.

In Persien verlief die gesellschaftliche Entwicklung wesentlich anders. Der Sieg des noch aus freien Mitgliedern der Dorfgemeinschaften bestehenden persischen Heeres über den Lyderkönig Kroisos (560–547 v. u. Z.) im Jahre 547 v. u. Z., die Eroberung Babylons im Jahre 539 v. u. Z. und die Unterwerfung Ägyptens 525 v. u. Z. festigte das in seiner Entwicklung befindliche Reich der Perser. Durch diese Eroberungen kamen die Perser, die sich noch in der Übergangsphase zur altorientalischen Klassengesellschaft befanden, mit der Spätphase dieser Gesellschaftsformation in Berührung. Da sie in den eroberten Ländern auf die vorgefundenen gesellschaftlichen Verhältnisse nicht verändernd einwirkten, sondern sich nur mit der Erhebung von Steuern und Tributen begnügten, legten sie selbst den Grundstein für den Zerfall ihres Riesenreiches, das sich in seiner Blütezeit vom Nil bis nach Indien erstreckte. Die Bevölkerung der eroberten Länder wurde doppelt ausgebeutet: einmal durch die einheimischen Herrscher und zum anderen durch die Perser. Es entstand keine einheitliche ökonomische Struktur innerhalb des Persischen Reiches. Nur eine starke politische Zentralgewalt hätte die verschiedenen Landesteile, welche sich auf einem unterschiedlichen Stand der gesellschaftlichen Entwicklung befanden, zusammenhalten können. Dareios I. (522–486 v. u. Z.) gelang es nach langwierigen Kämpfen, alle Unabhängigkeitsbestrebungen der unterdrückten Völker zu zerschlagen. Er unterteilte sein Großreich in 20 Satrapien. Im Verlauf der Zeit erlangten jedoch die Satrapien eine immer unabhängigere Stellung von der schwächer werdenden Zentralgewalt.

Die Klassenstruktur des Perserreiches war vielfältig. An der Spitze des Reiches stand der Großkönig, der mit seinem Hof die Zentralregierung bildete. Den Satrapien standen die Satrapen vor, in der Regel Angehörige des persischen Adels, die in der ersten Zeit keine militärischen Befugnisse besaßen. Auf dem Lande herrschten die Großgrundbesitzer, die ihr Land häufig verpachteten. Handwerk und Handel waren in Vorderasien am weitesten entwickelt. Sklaven gab es verhältnismäßig wenig.

Der maritime Entwicklungsstand beider Seiten vor Beginn des Krieges

Während sich die Perser im Prinzip nur fremder Flotten zur Kriegführung bedienten, vorrangig wurden griechische, ägyptische und phönikische eingesetzt, verfügte Griechenland über eine eigene Flotte.

Der Dienst in der Flotte galt in Griechenland als entwürdigend, so daß in der Regel nur Freigelassene oder Sklaven zur See fuhren. Da zum Kampf gegen die eingedrungenen Perser eine schlagkräftige Flotte benötigt wurde, konnte man sich nicht nur auf Freigelassene und Sklaven als Schiffsbesatzungen stützen. Freie Bürger, die ein eigenes Interesse an einem Sieg über die Perser hatten, mußten für die Flotte gewonnen werden. Dieser Gedanke setzte sich besonders dank der unermüdlichen Bemühungen des athenischen Staatsmannes sowie Heer- und Flottenführers Themistokles (um 524–459 v. u. Z.) durch, der als erster die Bedeutung einer Flotte für Griechenland und besonders für Athen erkannte.

Die antiken griechischen Flotten bestanden prinzipiell aus Trieren. Es kann als sicher betrachtet werden, daß die Griechen die Triere aus der Diere, die ihnen von den Völkern des Orients bekannt war, entwickelten.

An der Lösung des Problems der gleichmäßigen Wirkung aller drei Riemenreihen einer Triere haben sicher viele Völker gearbeitet, aber erst die Griechen waren in der Lage, es zu lösen. Man legte einfach die Aufleger für die Riemen der oberen Reihe um Schulterbreite außenbords, ein Prinzip, das noch heute bei Sportbooten angewendet wird. Erst die Erfindung dieses Auflegers gestattete die weitere Entwicklung des antiken Schiffbaus, da da-

34

durch auf gleichem Raum und bei geringer Erhöhung der Masse eine größere Antriebsleistung erzielt werden konnte.

Die Ruderer, die die obere Reihe der Riemen bedienten, wurden Thraniten, die Ruderer der mittleren Reihe Zygiten und die Ruderer der unteren Reihe Thalamiten genannt.

Über die genaue Anbringung der Riemen herrscht heute noch keine Klarheit. Selbst Rekonstruktionen führten zu keinem befriedigenden Ergebnis. Der Lösung am nächsten kommt wahrscheinlich der bekannte Historiker des 19. Jahrhunderts Kopecky. Bei seinen Untersuchungen bezieht er sich auf ein Bas-Relief einer Triere, das im Jahre 1852 von Lenormant auf der Akropolis entdeckt wurde.

Kopecky berechnete den Abstand der Ruderer untereinander mit 924,9 mm, also etwa 92,5 cm und den Höhenunterschied zwischen den Auflagepunkten der Thraniten- und Zygitenriemen mit 20 cm sowie zwischen den Zygiten- und Thalamitenriemen mit 46 cm. Da die Körperhöhe der Ruderer von der Ducht bis zum Scheitel zweifelsfrei mit 773 mm berechnet wurde, ist es unmöglich, daß sie übereinander saßen. Vielmehr müssen sie in der Querschiffsebene seitlich versetzt gesessen haben. Dabei saßen die Thraniten und die Thalamiten an der Bordwand und die Zygiten versetzt in Richtung der Mittschiffslinie. Nimmt man den Höhenunterschied in den Auflagepunkten der Thraniten- und Thalamitenriemen, so erhält man eine Höhe von 66 cm, die nicht ausreicht, um einen Thalamiten in aufrechter Sitzhaltung unterzubringen. Da aber die Duchten der Thraniten, bedingt durch die notwendige Bedienhöhe ihrer Riemen, höher als die Auflagepunkte ihrer Riemen angebracht waren, blieb genug Raum für die Thalamiten.

Über die Länge der Riemen liegen keine Angaben vor. Lediglich die Länge der Hilfsriemen ist mit 4,40 m überliefert. Ihr Verwendungszweck ist nicht ganz klar, es scheint aber wahrscheinlich, daß mit ihnen vom Oberdeck aus von Epibaten oder Matrosen in stehender Stellung gerudert wurde. Die Hilfsriemen wurden sicherlich nur in besonderen Fällen angewendet. Nachträgliche Berechnungen lassen vermuten, daß die Riemen der Thraniten 6 m, die der Zygiten 5,5 m und die der Thalamiten 4 m lang waren. Das Riemenblatt war mit einem schmalen Metallstreifen beschlagen, der ein Spalten des Blattes verhindern sollte. Auf dem Dollbord waren für jeden Riemen Dollplöcke eingelassen.

Obwohl die Trieren ausgesprochene Riemenschiffe waren, wollte man bei weiten Fahrten auf die Ausnutzung des Windes nicht verzichten, um die Ruderer nicht schon vor dem Gefecht zu ermüden. Die Segeleinrichtung wurde aber nur als Notbehelf angesehen. So nahm man bei der Konstruktion und beim Bau des Schiffes keinerlei Rücksicht darauf, daß mit diesem Schiff einmal gesegelt werden sollte. Der Rumpf war flach, rundlich und wenig scharf, hatte also alle Merkmale, die der Rumpf eines Segelschiffes nicht aufweist. Während des Gefechtes wurde die Segeleinrichtung nicht genutzt, da die Gefahr bestand, daß durch den Anprall, der beim Rammen entstand, der Mast knickte oder die Rah herabstürzte und dadurch ein Teil der Besatzung ausfallen konnte. Kam der Feind in Sicht, wurde der Mast abgebaut. Wußte man, daß der Feind nicht weit war, nahm man die Segeleinrichtung gar nicht erst mit, sondern ließ sie am Ufer zurück. Kriegsschiffe hatten ebenso wie Handelsschiffe einen Großmast und einen kleinen Vormast. Jedes Schiff hatte für jeden Mast zwei Segel in der Ausrüstung. Es ist anzunehmen, daß das zweite Segel kein Ersatzsegel war, sondern beide Segel verschieden beschaffen waren und bei entsprechendem Wetter gesetzt wurden.

Die Länge der Triere betrug in der Regel 35 m bis 38 m, so daß an jeder Seite gewöhnlich 31 Thraniten, 27 Zygiten und 27 Thalamiten saßen, womit sich die Anzahl der Ruderer auf 170 belief. Die Breite der Triere dürfte in der Höhe des Dollbordes 4,40 m bis 4,60 m nicht überschritten haben, in der Höhe der Wasserlinie muß sie geringer gewesen sein.

Von der Wasserlinie aus gerechnet, betrug die Bordhöhe etwa 1,40 m und die Höhe des Sturmdecks etwa 2,20 m. Der Tiefgang der Triere läßt sich heute nicht mehr genau berechnen, war aber wahrscheinlich nicht größer als 1 m. Als Deplacement wurden rund 90 t berechnet. Die Triere war sehr instabil, da ihr Schwerpunkt ungefähr 1 m über der Wasserlinie lag. Um der Gefahr des Kenterns zu begegnen, die besonders im Gefecht oder bei grober See auftreten konnte, legte man in den unteren Raum des Rumpfes Feldsteine, die ein Gewicht von etwa 40 t gehabt haben müssen, um den Schwerpunkt weit genug nach unten zu verlagern.

Die Triere hatte zwei Ruder, von denen je eins an Back- bzw. Steuerbord achtern angebracht war. Sie hingen demzufolge nicht in der Mittschiffslinie. Die ersten Ruder hatten keine Pinne und waren lediglich ein im Blatt vergrößerter Riemen. Später nutzte man Ruder mit Pinnen. Das Blatt war dabei am Schaft wie bei einem Balanceruder angebracht.

Ausmaße und Beschaffenheit des Rammsporns waren sehr unterschiedlich. Am verbreitetsten war der korinthische Rammsporn. Er bestand aus mehreren Balken, die an Back- und Steuerbord des Rumpfes angebracht waren und vor dem Bug, in Höhe der Wasserlinie, zusammengeführt wurden. Es gab auch Rammsporne, die über bzw. unter der Wasserlinie lagen. Trieren mit mehreren Rammsporn sind ebenfalls bekannt. Gewöhnlich war der Rammsporn mit Metall beschlagen. Wenn beachtet wird, daß die Trieren ein Gewicht von etwa 90 t hatten und beim Angriff mit einer Geschwindigkeit von 6 kn bis 7 kn liefen, wird klar, welche Masse auf den Rammspornen beim Rammen wirkte. Es war deshalb keine Seltenheit, daß sei beim Rammen oft abbrachen.

Aufgrund der guten Gefechtseigenschaften war die Triere das brauchbarste und weitverbreitetste Kriegsschiff der griechischen Antike.

Infolge der Notwendigkeit, die Kriegsschiffe einerseits gegen feindliche Rammstöße unempfindlicher zu machen und sie andererseits stärker zu bewaffnen, d. h. mit Schleudermaschinen auszurüsten, entstand der Zwang, deren Standkraft und Tragfähigkeit zu erhöhen. Die daraus resultierende größere Wasserverdrängung verlangte, wenn die Geschwindigkeit beibehalten werden sollte, eine höhere Antriebsleistung. Zur Lösung dieses Problems boten sich scheinbar zwei Wege an.

Erstens konnte man die Trieren verlängern, um dadurch die Anzahl der Traniten, Zygiten und Thalamiten zu vergrößern. Dieser Weg eignete sich aber aus schiffbautechnischen Gründen nicht, da mit einer Rumpfverlängerung die Gefahr wuchs, daß das Schiff auseinander brach. Auch am Masse-Leistungs-Verhältnis hätte sich nichts Wesentliches geändert. So wurde dieser Weg nicht beschritten.

Zweitens konnte man in die «Höhe» bauen und mehr Ruderer übereinander setzen. Die Quellen berichten von 5-, 6-, 7-, 8-, ja sogar von 20-, 30- und 40-Reihern. Folgt man Kopecky, so ergibt sich ein Abstand von der untersten zur obersten Riemenreihe für eine Pentere mit 1,32 m, für einen 10-Reiher mit etwa 3 m, für einen 30-Reiher mit etwa 9,50 m und für einen 40-Reiher mit etwa 13 m. Rechnet man die notwendige Höhe von der Wasserlinie bis zur ersten Riemenreihe und von der letzten Riemenreihe bis zum Deck hinzu, so ergeben sich mit wachsender Zahl der Riemenreihen Verhältnisse in Höhe, Länge und Breite, die nicht zu beherrschen waren.

Beispielsweise wird berichtet, daß unter Ptolemaios IV. Philopator (221–205/4 v. u. Z.) eine vierzigreihige Polyere in Alexandria gebaut wurde. Dieses Schiff, ein Katamaran, soll etwa 125 m lang, etwa 17 m breit und etwa 22 m hoch gewesen sein. Die Besatzung bestand während der Probefahrt aus 4000 Ruderern, 400 Offizieren, Unteroffizieren und Matrosen sowie aus 2850 Seesoldaten. Die Wahl eines Katamarans kann als Versuch angesehen werden, die Stabilität des Schiffes zu verbessern, die Problematik des Masse-Leistungs-Verhältnisses dürfte damit allerdings auch nicht gelöst worden sein. Geht man davon aus, daß das Schiff an jeder Bordseite tatsächlich 40 Riemenreihen, also insgesamt 80 gehabt hat, und daß sich 4000 Ruderer, von denen je einer einen Riemen bediente, an Bord befanden, so haben sich in jeder Riemenreihe 50 Riemen befunden. Nach den Berechnungsmethoden von Kopecky würde sich daraus ein Abstand, vom ersten bis zum letzten Riemen einer Reihe, von etwa 45 m ergeben. Das hieße, wenn man eine Schiffslänge von 125 m zugrunde legt, daß 80 m der Schiffslänge nicht zum Antrieb genutzt wurden. Das ist ebenso unwahrscheinlich wie das gleichmäßige Takthalten aller 80 Reihen. Hinzu kommt, daß die Bedienung der obersten Riemen aufgrund ihrer Länge und ihres Gewichtes durch einen Ruderer kaum möglich gewesen sein dürfte. Es ist also sehr unwahrscheinlich, daß dieser 40-Reiher, dessen Existenz kaum bestritten wird, in der oben beschriebenen Art und Weise angetrieben wurde.

Sicher hat es Versuche gegeben, in die «Höhe» zu bauen, aber diese Versuche waren nicht von Erfolg begleitet und erlangten deshalb in der Praxis keine Bedeutung. Das ist daraus ersichtlich, daß fast alle überlieferten Abbildungen Dreireihenschiffe zeigen. Nur wenige lassen Vierreihenschiffe erkennen, und das auch nicht mit Sicherheit. Des weiteren sind nur die Bezeichnungen der Ruderer der ersten, zweiten und dritten Riemenreihe bekannt, und es ist nicht einzusehen, warum die anderen Riemenreihen nicht ebenfalls bezeichnet wurden. Diese und andere Faktoren deuten darauf hin, daß auch dieser Weg nicht beschritten wurde.

Die Verbesserung des Masse-Leistungs-Verhältnisses wurde wahrscheinlich durch die Mehrmannbedienung eines Riemens erreicht, und man hat die Schiffe nach der Anzahl der Ruderer in einer Riemensektion (ein Thraniten-, ein Zygiten- und ein Thalamitenriemen) bezeichnet. Wenn also in einer Riemensektion 5 Ruderer arbeiteten, sprach man von einer Pentere, bei 6 Ruderern von einer Hexere usw. Mehr als drei Riemenreihen übereinander scheint es nur in ganz wenigen Ausnahmefällen gegeben zu haben.

Zu den antiken griechischen Flotten gehörten auch Transportschiffe für Mannschaften, Pferde, Ausrüstungen und anderes mehr. Die Transportschiffe waren in der Regel umgebaute Trieren. Um Platz zu schaffen, wurde die Anzahl der Ruderer, vermutlich um 2/3, verringert, was die Geschwindigkeit stark vermindert. Diese Transporter konnten etwa 100 Hopliten oder 30 Pferde transportieren. Handelsschiffe wurden nur in Ausnahmefällen zur Beförderung von Truppen herangezogen.

Der Kapitän eines griechischen Kriegsschiffes nannte sich Trierarch. Er trug die volle Verantwortung für sein Schiff und unterstand dem Flottenführer. Der Trierarch war in der Regel kein Seemann, sondern ein vermögender Bürger, der, so zumindest in Athen, zur Übernahme einer Triere bestimmt wurde, d. h., die Schiffe wurden unter den jährlich zu bestimmenden etwa 400 Trierarchen ausgelost. Das Schiff und ein Teil der Ausrüstung erhielt der Trierarch vom Staat. Kam das Schiff zum Einsatz, mußte es von ihm auf eigene Rechnung kalfatert, komplett ausgerüstet sowie bemannt werden. Allerdings erhielt er dazu einen Teil der Sold- und Verpflegungsgelder, über die er Rechenschaft ablegen mußte, ebenfalls vom Staat, wohingegen die Kosten zur Erhaltung des Schiffes voll zu Lasten des Trierarchen gingen. Ihm zur Seite stand ein erfahrener Seemann, der für die Navigation verantwortlich war. Er nannte sich Kybernetes und erfüllte die

Funktion eines heutigen 1. Offiziers. Besonders hohes Ansehen genoß der Kybernetes des Flaggschiffes. Den Wachdienst versah ein weiterer Offizier, der sich nach seinem ständigen Aufenthaltsort, dem Vorschiff (Prora), Proreus nannte. Da die Schiffe nachts auf den Strand gezogen und die Mittagsmahlzeit ebenfalls an Land eingenommen wurde, benötigte der Proreus keine Ablösung.

Das Kommando über die Ruderer hatte der Keleustes, der für deren Ausbildung und das Rudertempo verantwortlich war. Mit Soldzulagen und Extrarationen konnte er das Rudertempo beschleunigen. Der Takt wurde durch den Flötisten, den Trieraules, angegeben. Der Pentekontarch erfüllte die Geschäfte und Pflichten des Zahlmeisters. Für den inneren Dienst waren zwei Toicharchen, je einer für Back- bzw. Steuerbord, verantwortlich. Außerdem befanden sich drei bis vier Matrosen an Bord, die in erster Linie für die Segel und die Takelage verantwortlich waren, aber auch als Ruderer eingesetzt wurden.

Die Anzahl der an Bord befindlichen Seesoldaten, Epibaten genannt, schwankte in Abhängigkeit von der Taktik. In der Seeschlacht bei Salamis befanden sich je 14 Schwerbewaffnete und 4 Bogenschützen an Bord der attischen Trieren. Im Peloponnesischen Krieg waren es nur 10 Schwerbewaffnete.

Der größte Teil der Besatzung waren naturgemäß die Ruderer, eine Triere hatte 170. Auf ihre Ausbildung mußte besonderes Augenmerk gelegt werden, da bei 85 Riemen an jeder Bordseite Manöver nur mit eingespielten Ruderern durchführbar waren und sie deshalb ständiger Übung bedurften. Zu Beginn der Ausbildung wurde jeder Ruderer einzeln in der Handhabung des Riemens unterwiesen. Danach begann die Ausbildung in Gruppen, was keinesfalls immer an Bord geschah. Teilweise wurde sie an am Ufer aufgestellten speziellen Gerüsten durchgeführt. Durch die zusätzliche Ausbildung an Bord und ständiges Training wurden eingespielte Besatzungen herangezogen.

Spezielle Liegeplätze für die Schiffe machten sich erforderlich, als sie solche Ausmaße erreicht hatten, daß sie nicht mehr ohne weiteres an Land gezogen werden konnten, um sie vor Seegang und Brandung zu schützen. Zu diesem Zweck wurden bereits im 8. Jahrhundert v. u. Z. vor Delos eine 280 m lange und 4 bis 5 m breite Mole und vor Eretria ein 600 bis 700 m langer Wellenbrecher, der bis zu einer Wassertiefe von 20 m herausgeführt wurde, errichtet. Ähnliche Anlagen sind bei Hestiaea, Aegina und Kenchreai nachweisbar. Die Häfen wurden von Handels- und Kriegsschiffen gemeinsam genutzt. In diesen Häfen lagen die Handelsschiffe, um sie bequemer be- bzw. entladen zu können, an der Pier, während die Kriegsschiffe nach wie vor mit dem Heck auf den Strand gezogen wurden. Dadurch ergaben sich separate Hafenteile für die Handels- und Kriegsschiffe. Der Kriegshafen wurde als Neorion bezeichnet.

Als die Hafenstädte zu Festungen ausgebaut wurden, bezog man den Hafen mit ein und sperrte die Hafeneinfahrt durch Ketten. Da die Kriegsschiffe nicht ständig gebraucht wurden und sie bei zu langem Liegen im Wasser durch Fäulnis und Bewuchs des Rumpfes gefährdet waren, ergab sich die Notwendigkeit, sie vollständig aus dem Wasser zu nehmen. Dazu wurden steinerne, schräge Gleitbahnen, die bis in das Wasser reichten, gebaut, über die die Schiffe mit Hilfe von Walzen und Taljen aus dem Wasser gezogen wurden. Zusätzlich errichtete man sogenannte Schiffshäuser, die sich am oberen Ende der Gleitbahnen befanden und in denen je eine Triere untergebracht wurde. Sie hatten die ungefähre Größe von 40 m × 6,50 m. Masten, Rahen, Riemen, Ruder, Stellings, Bootshaken und anderes wurden mit den Schiffen in den Schiffshäusern untergebracht. Tauwerk und anderes lagerte man in besonderen Zeughäusern. Philon aus Eleusis baute z. B. ein Zeughaus für 250 Fahrzeuge, welches 133 m lang und 16 m bis 18 m breit war.

Daß bereits in der Antike geographische Vorstellungen vorhanden waren, ist unbestreitbar. Dareios I. befahl z. B. vor seinem Feldzug nach Griechenland die Anfertigung einer Karte der griechischen Küste. Natürlich lagen den antiken Karten, was Entfernung und Richtung betrifft, oft Schätzungen zugrunde. Sie erfüllten aber durchaus ihren Zweck. Eine Gradmessung wurde erst durch Eratosthenes (275–195 v. u. Z.) und ein Gradnetz durch Marinos von Tyros (100 u. Z.) eingeführt.

Den Kurs des Schiffes bestimmte man nachts nach den Sternen und am Tage nach der Sonne. Waren beide aufgrund unsichtigen Wetters nicht auszumachen, so mußten die Richtung des Windes, der Wellen oder der Strömung zur Kursbestimmung ausreichen. Daß man sich nach den Sternen orientierte, belegt ein Lehrbuch der astronomischen Navigation von Thales von Milet (um 624–546 v. u. Z.) aus dem Jahre 600 v. u. Z. Ob die Sterne nur zur Kursbestimmung oder auch zur Bestimmung des Standorts dienten, kann nicht mit Bestimmtheit gesagt werden. Die Existenz von sextantähnlichen Geräten ist nicht nachweisbar. Ein Log oder eine ähnliche Einrichtung zur Geschwindigkeitsbestimmung war nicht bekannt. Die Geschwindigkeit und die zurückgelegten Strecken wurden, gestützt auf Erfahrungen, geschätzt, wobei diese Schätzungen der Realität ziemlich nahe kamen. Ein allgemein gültiges Zeitmaß war nicht bekannt. Man teilte den Tag ebenso wie die Nacht in je 12 gleiche Teile. Da sich aber der zwölfte Teil eines Tages oder einer Nacht in Abhängigkeit von Ort und Jahreszeit ständig änderte, war er für eine genaue Navigation nur schwer zu gebrauchen. Für besondere Zwecke besaß man Wasseruhren, die sogenannten Klepshydren, mit denen man nicht die Zeit, sondern nur einen bestimmten Zeitabschnitt messen konnte. Das Lot war bekannt und wurde in der Antike genutzt. Auch das Versehen des Lotes mit einer Lotspeise, zur Beschaffung einer Grundprobe, war schon üblich. Stellings, Bootshaken, Pützen, Rettungsringe und Fender gehörten ebenfalls zur Ausrüstung der Schiffe.

Die Trieren führten in der Regel zwei Anker mit, die ein Gewicht von je 20 kp bis 25 kp hatten. Größere Schiffe verfügten über ein Beiboot, mit dem man die Verbindung zum Land herstellen konnte.

Flaggen wurden ebenfalls verwendet. So führten die Schiffe in der Seeschlacht bei Salamis eine Art Nationalflagge. Auch der Mißbrauch der Nationalflagge wurde bereits praktiziert. Die karische Königin Artemisia hatte in der Schlacht bei Salamis zwei unterschiedliche Flaggen an Bord, um sie entsprechend der Situation zu zeigen. Flaggen wurden auch als Signalmittel angewendet. Mit diesen Flaggen kennzeichnete man das Flaggschiff als Aufenthaltsort des Befehlshabers und übermittelte Angriffs- und andere Befehle.

Ihre Namen, die durchweg weiblich waren, trugen die griechischen Schiffe auf einem Namensbrett, das am Bug befestigt war.

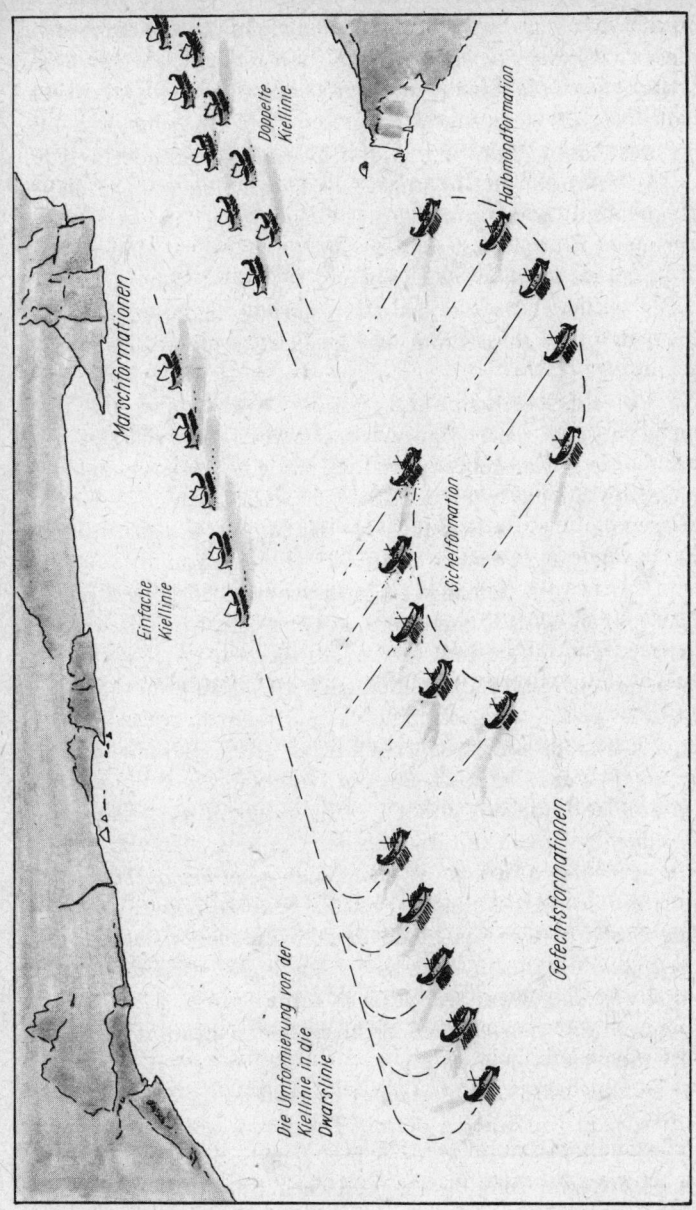

Marsch- und Gefechtsformationen der antiken griechischen Flotten

Mit der Zeit war das Kriegsschiff mehr und mehr Kampfmittel geworden. Mit dem am Bug befindlichen Rammsporn versuchte man, das Schiff des Gegners möglichst in der Breitseite zu treffen, um solche Schäden zu erzielen, die eine weitere Schwimmfähigkeit ausschlossen. Dazu wurde eine Dwarslinie gebildet und mit einer Geschwindigkeit, die ungefähr 7 kn bis 8 kn betragen haben muß, auf den Gegner zugefahren. Gelang der Rammstoß nicht, versuchte man zu entern, und es begann ein Handgemenge von Bord zu Bord. Hierbei entschieden Kraft, Gewandtheit und Anzahl der Seesoldaten. Eine zentrale Führung der Kampfhandlungen war dabei an Bord kaum und im Geschwader völlig unmöglich.

Die normale Gefechtsordnung war die Dwarslinie, deren Flügel entweder vorgezogen waren, um den Gegner zu umfassen, oder deren Flügel zurückgezogen waren, um eine Umfassung durch den Gegner zu erschweren. Man muß annehmen, daß die Gefechtsordnung nicht sehr stabil war und es beim ersten Aufeinanderprallen der gegnerischen Schiffe zum Melee kam.

Auf dem Marsch fuhr man in mehrfacher Kiellinie, aus der bei Notwendigkeit nach Wenden um 90 Grad sofort in eine mehrfache Dwarslinie umformiert werden konnte.

Im östlichen Mittelmeer bildete sich eine Kampfmethode heraus, die lange Zeit die Rammtaktik unterstützen sollte. Es handelte sich hierbei um die Durchfahrt oder den Diekplus und die Umfahrt oder den Periplus. Bei der Durchfahrt durchbrach man die feindliche Linie mit hoher Geschwindigkeit, und dabei wurden nach Möglichkeit die Riemen des Gegners geknickt. Danach umfuhr man das nun manövrierunfähige gegnerische Schiff und versuchte, ihm den Rammsporn in die Seite zu bohren, bezeichnet als Umfahrt. Um das Manöver der Umfahrt wirkungslos zu machen, wurde versucht, kurz bevor der Gegner die Umfahrt vollendet hatte, eine Viertelwendung in seine Richtung zu machen. Das war natürlich nur möglich, wenn noch eine bestimmte Anzahl von Riemen vorhanden war.

Ein anderes taktisches Verfahren bestand darin, daß das eigene Geschwader in Kiellinie an dem in Dwarslinie aufgestellten Gegner vorbeifuhr, so daß jedes Schiff seine schwache Breitseite zeigte. Versuchte nun ein gegnerisches Schiff zu attackieren,

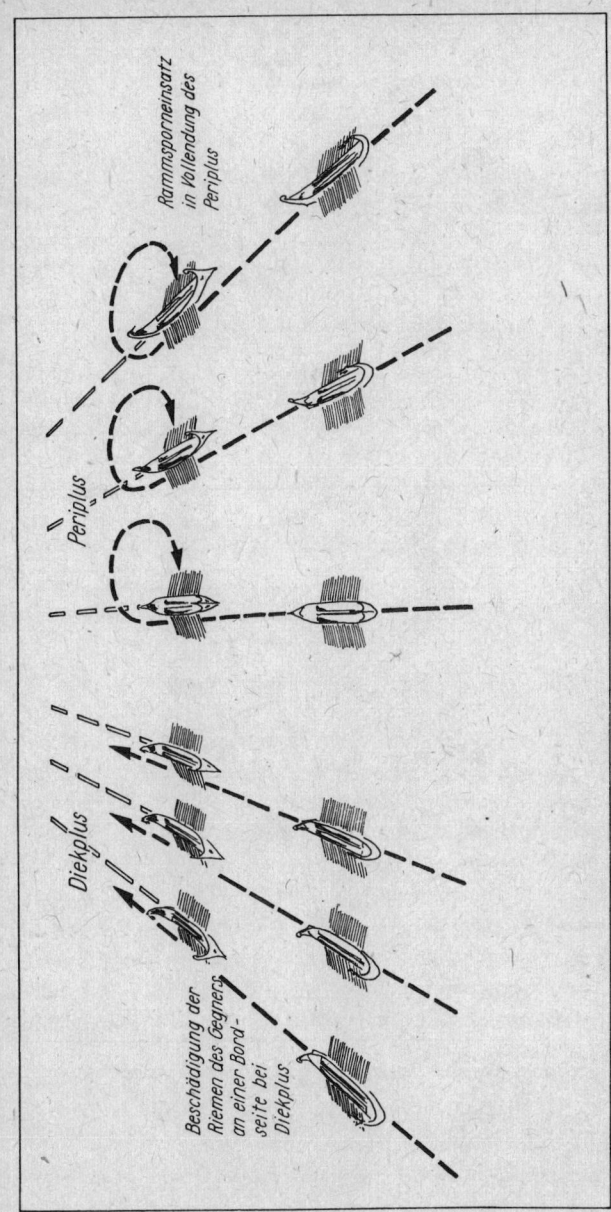

Diekplus und Periplus

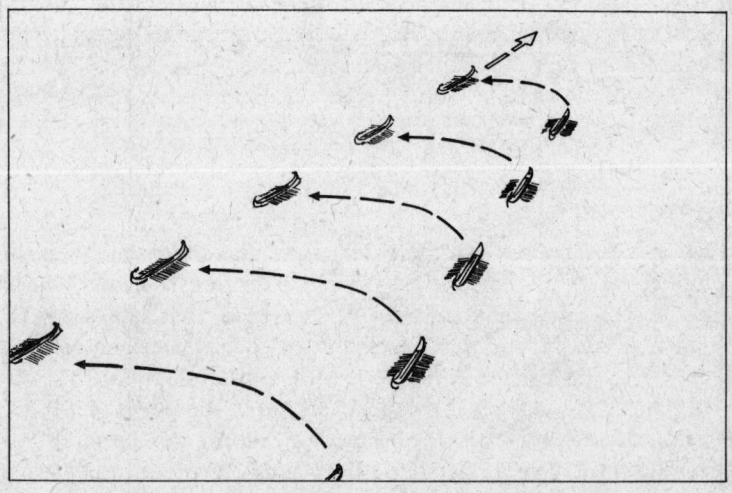

Taktische Manöver der antiken griechischen Flotten

drehte man schnell auf dieses Schiff zu und zeigte seinen eigenen Rammsporn. Zum anderen wurde der Angreifer durch den Sporn des eigenen Hintermannes bedroht. Erreichte das eigene Geschwader einen Flügel des Gegners, so entstand hier eine Kräfteüberlegenheit, auf die der Gegner reagieren mußte. Verlegte er Schiffe auf diesen Flügel, so mußten sie, um dorthin zu gelangen, wenden. Sie zeigten dadurch ihre schwache Breitseite, was sofort zum Angriff ausgenutzt wurde.

Man versuchte auch, Teile des gegnerischen Geschwaders abzudrängen, um sie entweder einzeln oder nur die Hauptkräfte zu zerschlagen.

Durch die leichte Bauweise sowie durch die Notwendigkeit, die Besatzungen an Land essen, schlafen und ausruhen zu lassen, konnten sich die Kriegsschiffe, im Gegensatz zu den Handelsschiffen, nicht weit von der Küste entfernen. Diese Notwendigkeit, sich ständig in der Nähe der Küste aufzuhalten, wirkte sich auf die gesamte Seekriegführung der damaligen Zeit aus. Seeschlachten und -gefechte wurden immer in Küstennähe geschlagen, manchmal sogar so nahe, daß die Landstreitkräfte eingreifen konnten.

Die Handlungen der Flotten im Griechisch-Persischen Krieg

500 v. u. Z. erhoben sich die Griechen in den kleinasiatischen Kolonien gegen die Perser. Die Ursachen für den Aufstand sind in politischen und ökonomischen Spannungen zwischen den ionischen Griechen und den Persern zu suchen. Einerseits verloren die Griechen jegliche Autonomie und wurden doppelt ausgebeutet: durch die eigenen Tyrannen und durch die persischen Satrapen, andererseits wuchsen infolge der Störung des Handels, hervorgerufen durch die persische Besetzung Ägyptens im Jahre 525 v. u. Z. und die Möglichkeit einer Sperrung des Bosporus, ihre ökonomischen Probleme.

Athen, politisch, ökonomisch und militärisch selbst auf schwachen Füßen stehend und bei weitem nicht in der Lage, den Persern ernsthaft Paroli zu bieten, beschloß, die Aufständischen zu

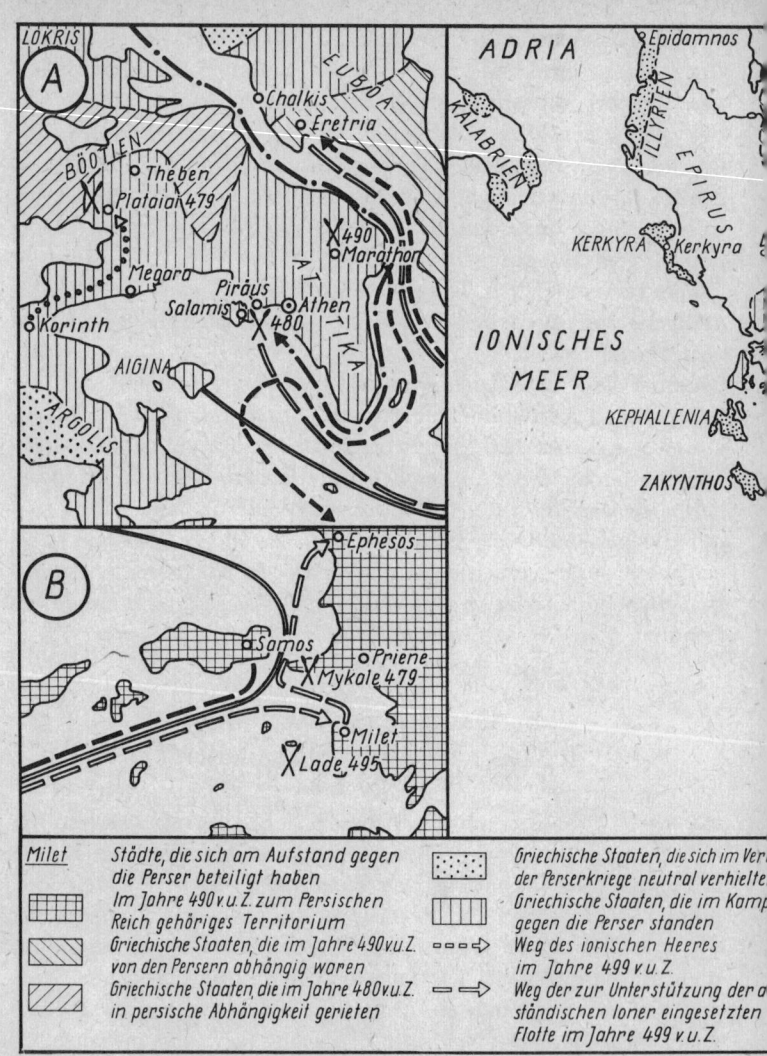

1 Griechenland zur Zeit des Griechisch-Persischen Krieges

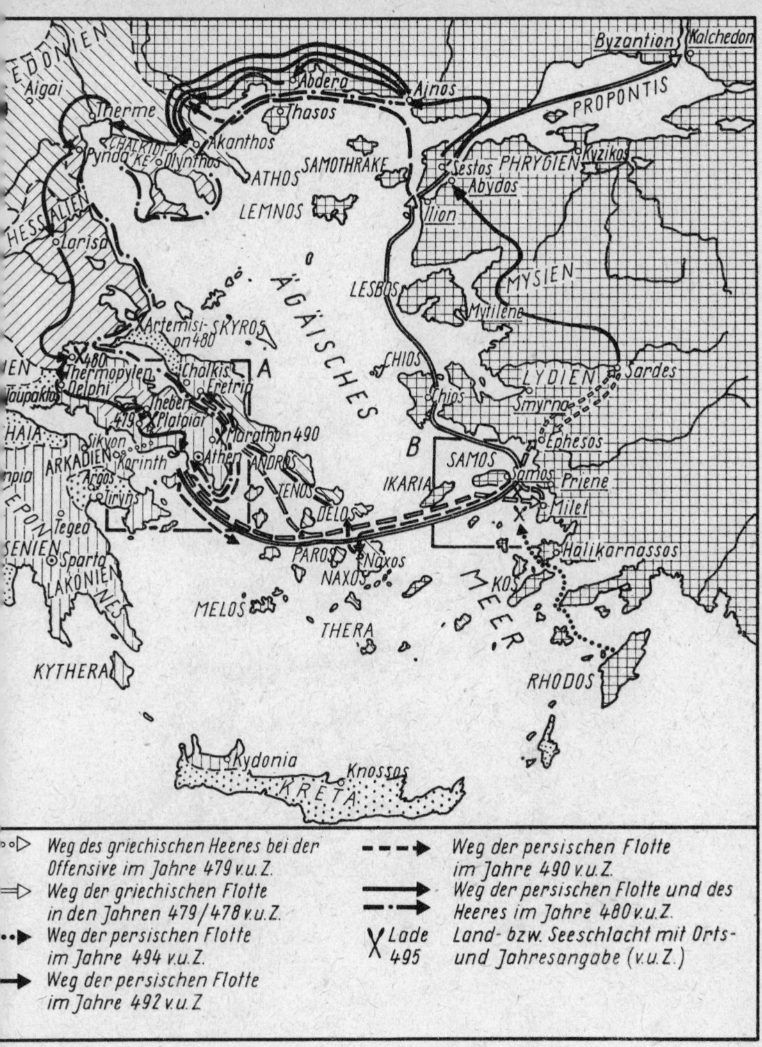
MAKEDONIEN
Aigai
Therme
CHALKIDIKE
Pydna
Olynthos
Akanthos
Abdera
Thasos
Ainos
ATHOS
SAMOTHRAKE
LEMNOS
Byzantion
Kalchedon
PROPONTIS
Sestos
Abydos
PHRYGIEN
Kyzikos
Ilion
THESSALIEN
Larisa
ÄGÄISCHES
MEER
MYSIEN
LESBOS
Mytilene
Artemision 480
SKYROS
X 480
Thermopylen
Delphi
Naupaktos
Chalkis
Eretria
A
CHIOS
Chios
LYDIEN
Sardes
Smyrna
Ephesos
Theben
479 X Plataiai
Marathon 490
B
SAMOS
Samos
Priene
Milet
ACHAIA
Sikyon
Korinth
Athen
ANDROS
IKARIA
ARKADIEN
Argos
Tiryns
TENOS
DELOS
Tegea
PAROS
Naxos
NAXOS
Halikarnassos
MESSENIEN
Sparta
LAKONIEN
KOS
MELOS
THERA
KYTHERA
RHODOS
Kydonia
Knossos
KRETA
Weg des griechischen Heeres bei der Offensive im Jahre 479 v.u.Z.
Weg der griechischen Flotte in den Jahren 479/478 v.u.Z.
Weg der persischen Flotte im Jahre 494 v.u.Z.
Weg der persischen Flotte im Jahre 492 v.u.Z
Weg der persischen Flotte im Jahre 490 v.u.Z.
Weg der persischen Flotte und des Heeres im Jahre 480 v.u.Z.
Lade 495
Land- bzw. Seeschlacht mit Orts- und Jahresangabe (v.u.Z.)

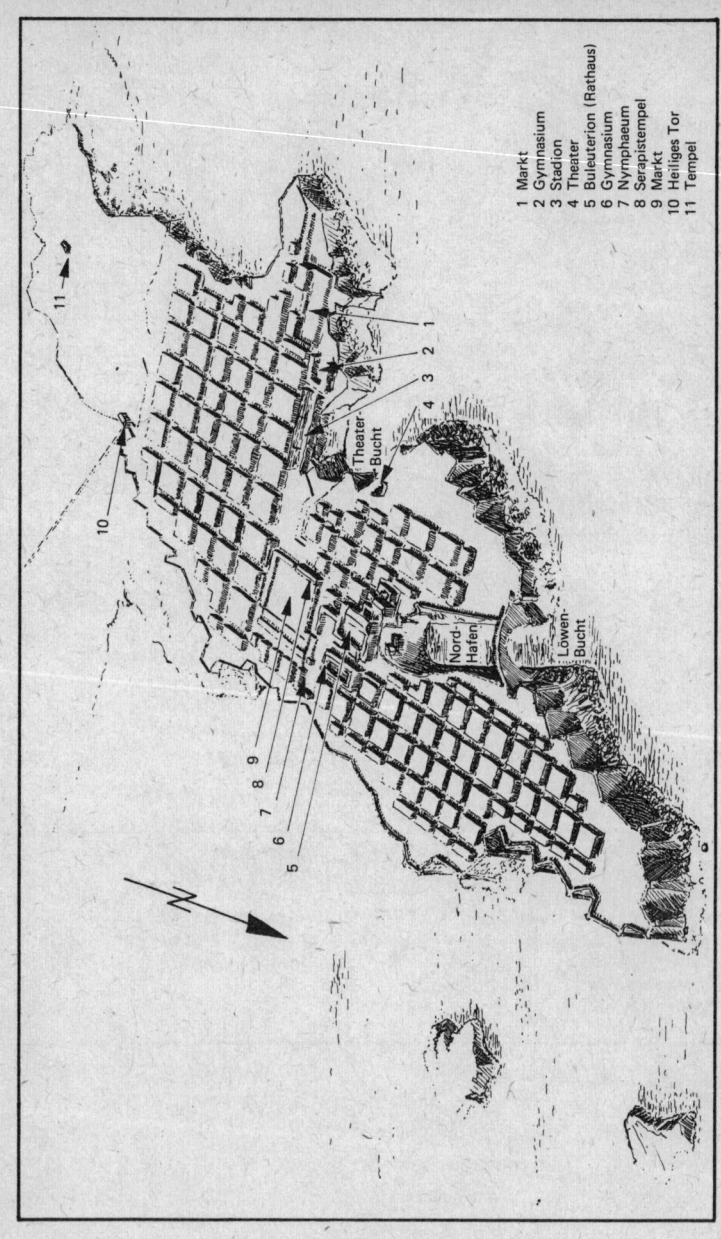

1 Markt
2 Gymnasium
3 Stadion
4 Theater
5 Buleuterion (Rathaus)
6 Gymnasium
7 Nymphaeum
8 Serapistempel
9 Markt
10 Heiliges Tor
11 Tempel

Theater-Bucht

Nord-Hafen

Löwen-Bucht

2 Milet (nach 450 v. u. Z.)

unterstützen. Eine Flotte, bestehend aus zwanzig eigenen und fünf Schiffen Eretrias, die sich im Hafen von Milet versammelte, wurde nach Ephesos entsandt. Von hier aus wandten sich die von Bord gehenden Truppen gegen Sardes, den Sitz des persischen Satrapen Artaphernes und seiner Regierung, nahmen die Stadt und belagerten die Burg, in die sich Artaphernes mit einer kleinen Anzahl von Soldaten zurückgezogen hatte.

Als sich die Perser vom ersten Schreck erholt hatten und sich ihre Verstärkung der Stadt näherte, marschierten die Angreifer nach Ephesos zurück, wurden aber unterwegs gestellt und erlitten eine Niederlage. Daraufhin verließen sie auf ihren Schiffen Ephesos, die kleinasiatischen Griechen ihrem Schicksal überlassend.

Nachdem Dareios I. den Aufstand der kleinasiatischen Griechen wie die Aufstände in Thrakien und auf Zypern niedergeschlagen hatte, war er in der Lage, sich gegen die erstarkenden, aber durch innere Zerstrittenheit noch schwachen europäischen Griechen zu wenden. Dazu erhielt 495 v. u. Z. sein jugendlicher Schwiegersohn Mardonius den Befehl über das gleiche Heer und die gleiche Flotte, die den Aufstand in Kleinasien niedergeschlagen hatten, um in Griechenland einzufallen. Doch dieser Feldzug stand von Anfang an unter einem unglücklichen Stern. Die Flotte wurde bei der Umschiffung des Vorgebirges Athos durch Wettereinwirkung teilweise vernichtet bzw. zerstreut. Das Heer traf bei seinem Vormarsch auf die Thraker und erlitt große Verluste. Erfolgreiche Handlungen gegen die Griechen waren dadurch von vornherein unmöglich, so daß sich Mardonius gezwungen sah, nach Kleinasien zurückzukehren. Wurde das Kriegsziel auch nicht erreicht, so konnten sich die Perser doch wenigstens an den Küsten Thrakiens festsetzen und sich damit eine gute Ausgangsposition für weitere militärische Handlungen gegen die griechischen Poleis sichern.

Trotz dieses Mißerfolgs entschloß sich Dareios I. zu einem neuen Feldzug gegen die Griechen. Als im Jahre 491 v. u. Z. die Vorbereitungen fast abgeschlossen waren, schickte er in alle griechischen Städte des europäischen Festlandes sowie auf alle griechischen Inseln Herolde mit der Aufforderung, sich zu unterwerfen. Athen und Sparta lehnten, im Gegensatz zu vielen anderen griechischen Städten und Inseln, dieses Ansinnen ab. Daraufhin kam es im Jahre 490 v. u. Z. zu einem zweiten persischen Angriff auf Griechenland. Das Heer wurde in Kilikien auf die phönikisch-ägyptische Flotte unter dem Oberbefehl des jüngeren Artaphernes eingeschifft und wandte sich gegen Samos, Naxos und die anderen Inseln im Ägäischen Meer. Auf der Insel Euböa eroberten die Perser die Stadt Karystus und nach sechstägiger Belagerung – durch Verrat – die Stadt Eretria. Danach setzten sie über die Meerenge, die Euböa vom griechischen Festland trennt, und landeten bei Marathon, um Athen zu besetzen. Die Athener schafften es, angesichts der drohenden Gefahr ihre innenpolitischen Streitigkeiten zu begraben, und stellten ihre Truppen unter den Oberbefehl von Miltiades, dem dafür geeignetsten Manne. Athens Bitte um Unterstützung folgte nur die Stadt Plataiai, die 1000 Hopliten schickte. Sparta war ebenfalls bereit, 21000 Krieger zu stellen, aber sie sollten Athen erst in fünf Tagen zur Verfügung stehen, da in Sparta der Brauch herrschte, nicht vor Vollmond in den Krieg zu ziehen, und Vollmond war derzeit erst in fünf Tagen.

So war Athen faktisch auf sich allein gestellt. Als Miltiades erkannte, daß die Perser bei Marathon landeten, eilte er mit seinen Kriegern zum Landungspunkt und traf kurz nach der Landung des Gegners dort ein. In einem stürmischen Angriff wurden die Perser durch die ihre Heimat verteidigenden Athener geschlagen und verloren eine große Anzahl Soldaten, sieben Schiffe, die von den Athenern besetzt wurden, sowie eine unbekannte Anzahl von Schiffen, die verbrannt oder zerstört wurden.

Sich schnell von der Niederlage erholend, umsegelten die Perser das Vorgebirge Sunium, um das von seinen Verteidigern entblößte Athen direkt zu nehmen. Miltiades, die Absicht der Perser erkennend, führte seine Truppen in Eilmärschen zurück nach Athen, so daß er noch vor den Persern ankam und sie dadurch von einer Landung abhielt. Damit war der zweite persische Feldzug gegen Griechenland, der in maritimer Hinsicht nichts Bemerkenswertes aufwies, beendet. Die Unterwerfung Griechenlands gelang nicht, und Dareios I. entschloß sich, persönlich einen Feldzug gegen die Griechen anzuführen. Sein Tod (486 v. u. Z.) verhinderte das, und sein Sohn und Nachfolger Xerxes I. (König von 486–465 v. u. Z.) übernahm den Oberbefehl. Die Bedeutung dieses Feldzuges für die Perser kam unter anderem darin zum Ausdruck, daß ein allgemeines Volksaufgebot ausgeschrieben wurde.

Der Feldzugsplan ähnelte dem des ersten mißglückten Feldzuges vom Jahre 495 v. u. Z. Das Heer sollte durch Thrakien und Mazedonien, längs der Küste des Ägäischen Meeres, in Griechenland einrücken, während die Flotte, mit Lebensmitteln und Ausrüstungen beladen, das Heer auf dem Seewege begleiten sollte.

Gegen Ende des Jahres 481 v. u. Z. waren die Vorbereitungen abgeschlossen, und das Heer sammelte sich bei Sardes, die Flotte im Hellespont. Der Übergang des Heeres über den Hellespont wurde durch zwei Schiffsbrücken zwischen den Städten Abydos und Sestos sichergestellt. Die Größe des Heeres zwang dazu, ständig in der Nähe der Küste zu bleiben, damit die Flotte die Versorgung der Truppen gewährleisten konnte. Die Bedeutung der Flotte stieg in dem Maße, je weiter sich das Heer von Kleinasien fortbewegte. Sie wurde zum verwundbarsten Element im Feldzugsplan von Xerxes.

In Griechenland gelang es erst mit Erscheinen der persischen Herolde, die die Unterwerfung forderten, die permanenten inneren Streitigkeiten zu schlichten und ein Bündnis zu schließen, dem sich aber wiederum nicht alle griechischen Städte anschlossen. Themistokles, der schon am Sieg der Athener bei Marathon führend beteiligt war, erkannte den schwächsten Punkt des Feldzugsplanes von Xerxes und baute darauf seinen Kriegsplan auf. Die Perser indessen zogen in drei Marschkolonnen von Ainos über Akanthos nach Therme, wo Heer und Flotte lagerten.

Das Seegefecht bei Artemision (480 v. u. Z.)

Von Therme, dem heutigen Saloniki, aus bahnte sich das erste Seegefecht der Geschichte an, von dem schriftliche Überlieferungen existieren. Vor dem persischen Heer lag als nächstes Ziel die Überwindung der Thermopylen, der Schlüssel zu Mittelgriechenland. Die Thermopylen waren zur damaligen Zeit eine 50 m breite und 4 km lange Straße, die im Westen durch die steilen Abhänge des Oeta-Gebirges und im Osten durch den Busen von Zeitun begrenzt wurde. Diese schmale Stelle mußte das persische Heer passieren. Aufgrund der geographischen Lage konnten die Thermopylen durch eine geringe Anzahl von Kriegern, zumindest für längere Zeit, verteidigt werden. Wahrscheinlich sah der griechische Kriegsplan vor, die Perser hier für etliche Wochen aufzuhalten und durch die eigene Flotte die persische Flotte daran zu hindern, ihr Heer zu versorgen. Sicherlich sollte die griechische Flotte auch verhindern, daß die persische Flotte den die Thermopylen verteidigenden Truppen in den Rücken fiel. Beide Seiten erkannten jedenfalls die Schlüsselpositionen der Thermopylen.

Die griechische Flotte begab sich zur Erfüllung ihrer Aufgabe nach Artemision. Das persische Heer marschierte aus Therme ab, während die Flotte noch im Hafen blieb, da sie wahrscheinlich den Befehl hatte, gleichzeitig mit dem Heer bei den Thermopylen einzutreffen, die Strecke dorthin aber in wesentlich kürzerer Zeit zurücklegen konnte.

Als die Zeit zum Auslaufen für die persische Flotte heran war, liefen zehn Schiffe als Vorausabteilung ab, die am ersten oder zweiten Tag ihrer Fahrt drei griechische Vorpostenschiffe sichteten, von denen sie zwei aufbringen konnten. Neben der Aufklärung hatten sie noch die Aufgabe, das für die Perser mehr oder weniger unbekannte Fahrwasser auszuloten und bei Notwendigkeit zu markieren. Das geschah bei den Lephtariklippen durch die Errichtung einer steinernen Säule. Nachdem die persische Vorausabteilung wieder in Therme eingetroffen war, lief die Flotte unter Segel nach Kap Sepias ab. Der Strand an der Ostküste der Halbinsel Magnesia gestattete kein Aufslippen der Schiffe, so daß man gezwungen war, nördlich von Kap Sepias zu ankern. Am nächsten Morgen setzte ein starker, drei Tage dauernder Nordsturm ein, der die vor Anker liegende persische Flotte 400 Schiffe kostete. Nachdem sich der Sturm gelegt hatte, ging man Anker auf, um die Fahrt bis Aphetae fortzusetzen. Hier fand man Trinkwasser und einen kleinen Strand, der aber zum Aufslippen der gesamten Flotte bei weitem nicht ausreichte, so daß der größte Teil der Flotte wiederum gezwungen war, einen ungünstigen Ankerplatz vor der Küste einzunehmen.

Um zu verstehen, warum die Perser wieder so einen ungünstigen Ankerplatz aussuchten, müssen die Handlungen der griechischen Flotte in Betracht gezogen werden. Griechische Späher, die auf den umliegenden Inseln auf hohen Felsen verteilt waren, berichteten laufend über die Bewegungen der persischen Flotte. Die

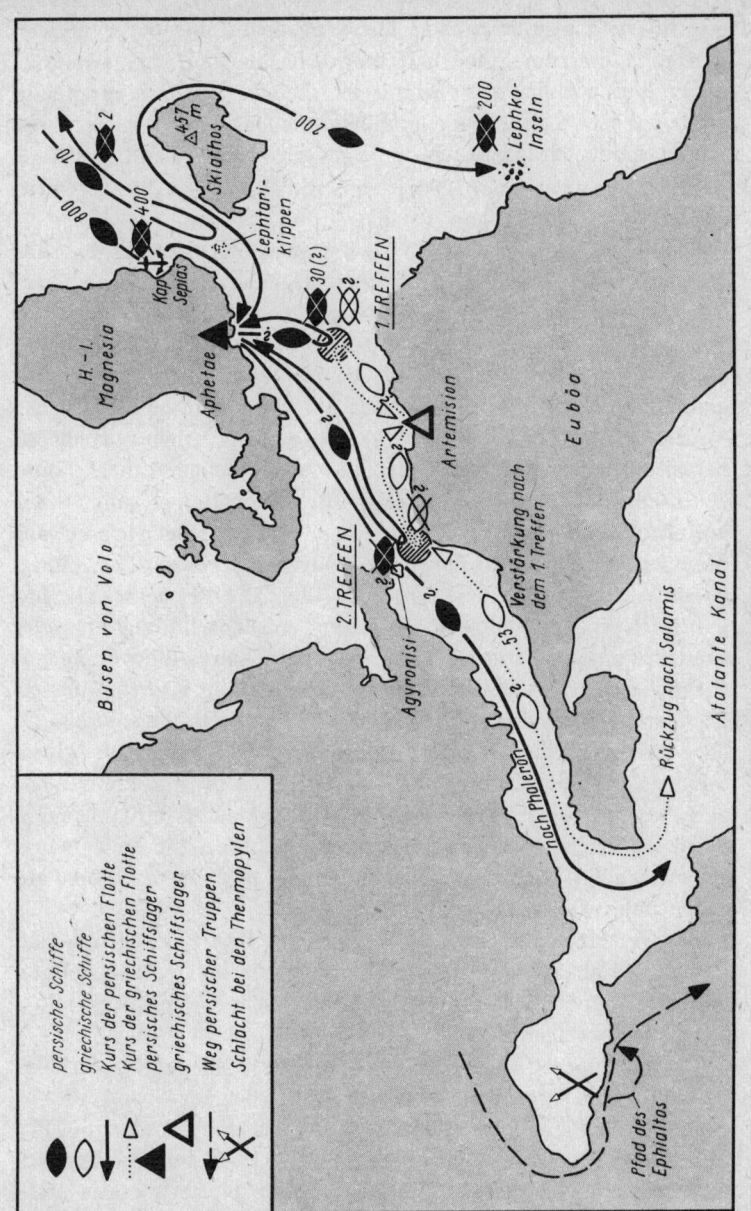

persische Schiffe
griechische Schiffe
Kurs der persischen Flotte
Kurs der griechischen Flotte
persisches Schiffslager
griechisches Schiffslager
Weg persischer Truppen
Schlacht bei den Thermopylen

3 Thermopylen und Artemision (480 v. u. Z.)

800
10
2
400
30(?)
200
200
457 △ m
Skiathos
Lephtani-klippen
Kap Sepias
H.-I. Magnesia
Aphetae
Busen von Volo
Artemision
Euböa
Lephko-Inseln
1. TREFFEN
2. TREFFEN
Verstärkung nach dem 1. Treffen
Rückzug nach Salamis
Atalante Kanal
Aggyronisi
nach Phaleron
53
Pfad des Ephialtos

55

griechische Flotte begab sich bei der Annäherung der Perser zu der Stelle, die zum Aufenthalt der persischen Flotte am besten geeignet war, nämlich zum Strand von Artemision, und veranlaßte sie auf diese Weise, einen ungünstigen Ankerort einzunehmen. Die Perser, erschöpft durch den dreitägigen Sturm und die Überfahrt, waren nicht mehr in der Lage, die Einnahme dieses günstigen Platzes zu erzwingen.

Da sie erkannten, daß das auch in den nächsten Tagen sehr schwierig sein würde, detachierten sie 200 Schiffe, die die Insel Euböa umrunden sollten, um die griechische Flotte von hinten anzugreifen. Dies war der richtige Zeitpunkt für die kräftemäßig unterlegenen Griechen, ein Gefecht mit der erschöpften und zahlenmäßig geschwächten persischen Flotte zu beginnen. Es ist das Verdienst von Themistokles, diesen Zeitpunkt nicht verpaßt zu haben. So wurde von den Griechen das Gefecht eröffnet, indem sie in einer langgezogenen Dwarslinie, deren Flügel zum Schutz vor einer Umfassung durch die Perser zurückgezogen waren, auf die persische Flotte zufuhren. Im Zentrum, hinter der Dwarslinie, befand sich noch ein Reservegeschwader. Die Perser, welche immer noch quantitativ überlegen waren, versuchten die griechische Flotte zu umfassen, was ihnen auch gelang. Durch die weitere Zurücknahme der griechischen Flügel entstand ein Kreis, in dessen Zentrum sich das Reservegeschwader befand. Ob diese Kreisstellung bewußt herbeigeführt wurde oder zufällig entstand, sei dahingestellt, jedenfalls begannen die Perser sofort mit einem zügigen Angriff, indem sie versuchten, in den Kreis einzudringen. Nach und nach gelang das auch einigen Schiffen, die im Zentrum aber von dem Reservegeschwader erwartet und eins nach dem anderen überwältigt wurden.

Die Perser, denen das Gefecht aufgezwungen wurde, brachen den Kampf ab, als sie sahen, daß die griechische Defensivstellung nicht zu überwinden war. Die persischen Verluste sollen 30 Schiffe betragen haben.

Nachdem beide Flotten ihre Anker- bzw. Liegeplätze wieder eingenommen hatten, kam wiederum ein starker Sturm auf. In diesem Sturm gingen die 200 persischen Schiffe, die die Insel Euböa umrunden sollten und sich bei den Lephko-Inseln befanden, verloren. Eine Umfassung der griechischen Flotte war nun nicht mehr möglich. Der nächste Tag wurde von beiden Seiten als Ruhetag genutzt.

Am dritten Tag nach der Ankunft der Perser in Aphetae, der Verlust der 200 Schiffe war beiden Seiten schon bekannt geworden, entschlossen sich die Perser zu einem gewaltsamen Durchbruch. Die Gründe dafür mögen Zeitnot gewesen sein, denn die Flotte hatte ja die Aufgabe, mit dem Heer zu einem bestimmten Zeitpunkt bei den Thermopylen zusammenzuwirken, und bis jetzt hatte man nichts weiter erreicht, als etwa 630 Schiffe verloren. Zum anderen brauchte man nicht mehr auf die 200 Schiffe, die die Griechen umfassen sollten, zu warten.

Als die Griechen sahen, daß die persische Flotte Anker auf ging, besetzten sie sofort die Enge zwischen den Inseln Euböa und Agyronisi, wobei sie sich diesmal mit beiden Flügeln auf die Insel stützten. Die Perser, die in einer Dwarslinie mit vorgezogenen Flügeln, also in Sichelformation, auf die Griechen vorrückten, versuchten letztere zu umfassen. Das war aber nicht möglich, da sich die Griechen fest mit den Flügeln auf die Inseln stützten, so daß sich die persischen Fahrzeuge aufgrund der räumlichen Enge dicht drängten, ihre höhere Manövrierfähigkeit nicht ausspielen konnten und ihre zahlenmäßige Überlegenheit nicht zum Tragen kam. Trotz schwerer Verluste für die Griechen gelang ein Druchbruch nicht. Sicher mit der Absicht an einer anderen Stelle eine neue Sperre aufzubauen, wurde beschlossen, diese Stellung aufzugeben, da einige griechische Flottenführer der Meinung waren, daß man hier weitere Angriffe der Perser nicht mehr abwehren könne. Themistokles gelang es aber, die anderen Flottenführer davon zu überzeugen, daß ein Ausharren an dieser Stelle günstiger sei. In dieser Situation traf die Nachricht bei der Flotte ein, daß den Persern der Durchbruch durch die Thermopylen gelungen sei.

Die griechischen Truppen bei den Thermopylen, die unter dem Befehl des spartanischen Königs Leonidas I. (König von 488–480 v. u. Z.) standen, wurden von persischen Elitetruppen umgangen. Das war durch den Verrat des Griechen Ephialtes (469 v. u. Z. getötet) möglich, der den Persern einen schmalen Umgehungspfad zeigte. Von vorn und hinten bedrängt, verteidigten die Griechen, vorrangig Spartaner, die Thermopylen bis zum letzten Mann, aber die Sperre war nicht mehr zu halten, und der Weg nach Mittelgriechenland lag offen vor den Persern.

Nun war die Sperre, die die Flotte bei Artemision hielt, sinnlos und konnte ohne Bedenken aufgegeben werden. Die griechische Flotte lief durch den Euripos in Richtung Attika ab.

Um das Ablaufen der griechischen Flotte zu verstehen, muß man berücksichtigen, daß die der Flotte gestellte Aufgabe nicht losgelöst von den Aufgaben des Heeres betrachtet werden darf. Die Flotte hatte ihre Aufgabe in dem Moment gelöst, als die Thermopylen nicht mehr gehalten werden konnten. Die griechischen Schiffe liefen deshalb nicht wegen kräftemäßiger Unterlegenheit ab, sondern weil ihre Aufgabe gegenstandslos geworden war. Zum anderen war der Krieg noch nicht zu Ende, und es wäre wahrscheinlich falsch gewesen, die Flotte bei Artemision zu opfern. Trotz einiger wankelmütiger und feiger Flottenführer, z. B. Eurybiades, liegt kein Grund zu der Annahme vor, daß die Flotte nicht ebenso tapfer gekämpft hätte wie das Heer bei den Thermopylen. Die Aufgabe, die persische Flotte am Zusammenwirken mit dem persischen Heer so lange zu hindern, wie sich die Thermopylen in griechischer Hand befanden, wurde voll erfüllt.

Im direkten Kampf verloren die Perser mindestens 30 Schiffe. Wenn man bedenkt, daß die 200 Schiffe, die bei den Lephko-Inseln sanken, indirekt auch auf das Konto der griechischen Flotte kamen, denn ohne ihre Anwesenheit hätten sie ja nicht den Befehl zur Umfassung bekommen und den Sturm mit den persischen Hauptkräften abgewettert, so muß man sagen, daß die aus 271 Einheiten bestehende griechische Flotte erfolgreich gekämpft hatte.

Besondere Beachtung verdient die Kreisstellung im ersten Treffen. Heute ist nicht mehr mit Bestimmtheit zu sagen, ob sie zufällig oder planmäßig zustande kam. Bezeichnend ist jedenfalls der Umstand, daß die Perser kein Mittel fanden, um mit dieser Gefechtsordnung fertig zu werden.

Das Seegefecht bei Artemision bietet eine Reihe von interessanten Aspekten, die zum überwiegenden Teil vom hohen Entwicklungsstand der Seekriegskunst jener Zeit zeugen.

1. Der Einsatz der Flotte zeigt, daß es schon vor rund 2500 Jahren ein Zusammenwirken zwischen den Teilstreitkräften Heer und

Flotte gab. Während das Heer in der Hauptrichtung handelte, führte die Flotte sicherstellende Handlungen im Interesse des Heeres durch.

2. Ein taktisches Zusammenwirken zwischen den Flottenkräften wurde, wie die Handlungen des griechischen Reservegeschwaders innerhalb der Kreisstellung beweisen, bereits praktiziert.

3. Durch die Möglichkeit und die praktische Anwendung der kollektiven Entschlußfassung in der griechischen Flotte war das Prinzip der Einzelleitung nicht gewährleistet. Dadurch wurde die Führung der Kräfte erschwert.

4. Die Aufklärung wurde von beiden Seiten aktiv betrieben. Während die Perser eine Vorausabteilung von zehn Schiffen zur Aufklärung einsetzten, hatten die Griechen auf den um Artemision liegenden Inseln ein System von Beobachtungsposten sowie in Richtung Therme Vorpostenschiffe entfaltet.

5. Das Informationssystem war hoch entwickelt. Beweis dafür ist die ständige Information der Griechen über den Standort der persischen Flotte und die Lage bei den Thermopylen sowie die schnelle Information beider Seiten über den Verlust der 200 persischen Schiffe bei den Lephko-Inseln.

6. Der nautischen Vorbereitung und Einrichtung des Seeschauplatzes wurde große Aufmerksamkeit geschenkt, was durch das Ausloten des Fahrwassers sowie seine Markierung durch eine Steinsäule bei den Lephtariklippen belegt wird.

Die Seeschlacht bei Salamis (480 v. u. Z.)

Die Landlage entwickelte sich für die Griechen katastrophal. Nur noch Athen und die Peloponnes waren frei. Getreu der gesamten bisherigen Geschichte Griechenlands, dachten die Peloponnesier nicht daran, den Athenern im Interesse Griechenlands zu helfen. Sie handelten nur in ihrem eigenen Interesse, sperrten die Landenge von Korinth durch einen Wall und versammelten dahinter ihre Truppen. So kam es, daß die Perser auch noch Athen besetzen konnten. Die Frauen, Kinder und Alten Athens gingen auf die Insel Salamis oder auf die Peloponnes, während sich die Männer Athens zur Flotte begaben, da sie ihre letzte Hoffnung war.

Beide Flotten besserten Schäden aus und erhielten Verstär-

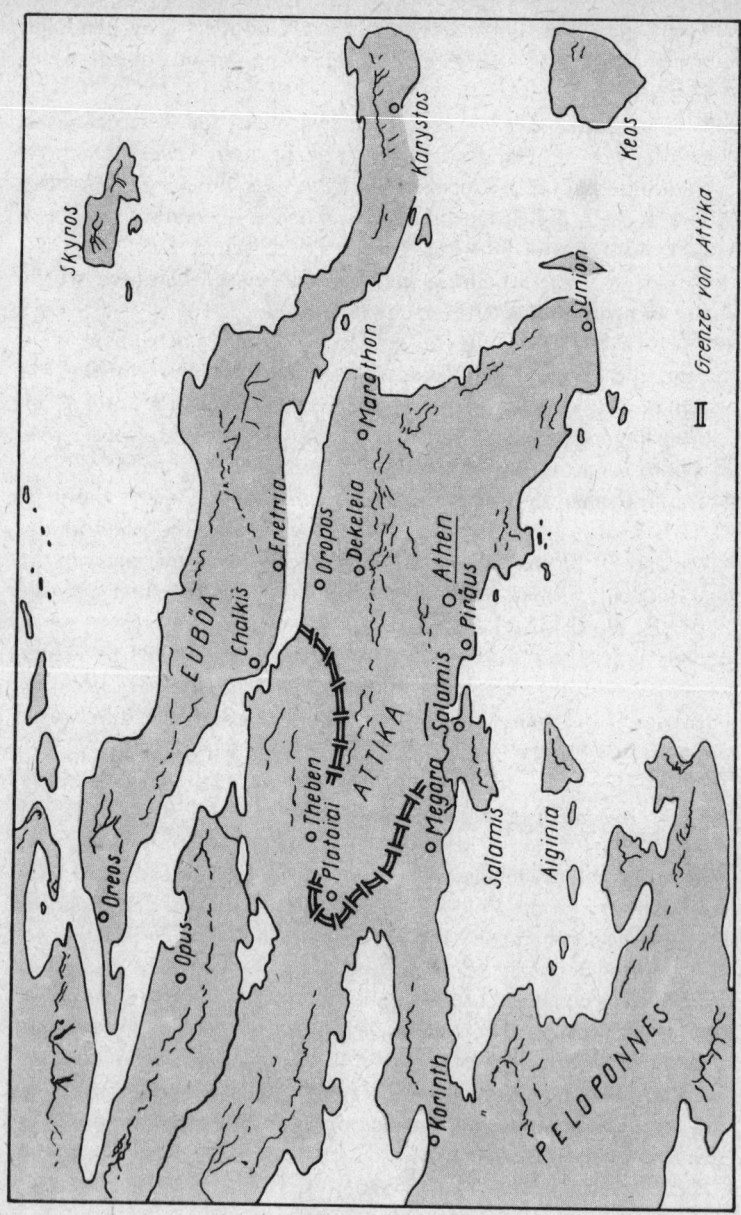

Skyros

EUBÖA

Oreos

Opus

Chalkis

Eretria

Oropos

Theben
○ Plataiai

ATTIKA

Dekeleia

Marathon

Karystos

Keos

Sunion

Athen
Peiräus

Salamis

Megara

Salamis

Aiginia

Korinth

PELOPONNES

II ━━━ Grenze von Attika

4. Attika

kung. Der Bestand an Schiffen soll 800:350 für die Perser betragen haben. Aber nicht nur die Reparatur von Schäden und die Verstärkung dienten der Erhöhung der Kampfkraft beider Flotten. Viel wichtiger waren die Erfahrungen, die sie aus dem Seegefecht bei Artemision gewonnen hatten.

Die Griechen erkannten, daß die persische Flotte ihrer eigenen weit überlegen war und daß sie in offenen Gewässern nicht besiegt werden konnte. Die persische Flotte war nur in einer Meerenge, in der sie ihre Kraft nicht voll entfalten konnte, schlagbar. Dafür war das Seegebiet zwischen Salamis und Attika wie geschaffen. Schon allein diese Erfahrung wog wahrscheinlich alle Verluste bei Artemision auf, denn ohne sie hätten die Griechen sich vielleicht anders entschlossen.

Aber auch die Perser hatten viel gelernt. Sie begriffen, daß die Griechen nicht im Handumdrehen zu schlagen waren und besonders im Kampf Bord an Bord kein zu unterschätzender Gegner waren. Sie gelangten zu dem Schluß, daß die Griechen nur im offenen Gewässer zu besiegen sind.

Trotz der großen Erfolge, die die Perser errungen hatten, wurde ihre Lage immer komplizierter. Der Herbst näherte sich, aber das Ziel des Feldzuges war immer noch nicht erreicht, da Xerxes von seiner Absicht der Eroberung ganz Griechenlands, zu dem auch Sparta gehörte, noch nicht abgegangen war. Um aber Sparta zu erobern, mußte die etwa 6 km breite Landenge von Korinth überwunden werden. Eingedenk der bei den Thermopylen gesammelten Erfahrungen, wollte Xerxes nicht auf die Unterstützung seiner Flotte verzichten. Die Flotte konnte aber nur dann effektiv handeln, wenn die griechische Flotte ausgeschaltet wurde.

Auch die Lage der griechischen Flotte war bedrohlich. Da viele Angehörige der Flotte nach Hause wollten und die innere Zwietracht wuchs, drohte sie zu zerfallen. Es bedurfte der ganzen Kraft von Themistokles, die Flotte zusammenzuhalten. Dazu war ihm eine baldige Schlacht nur recht. Er war überzeugt, daß es zur Schlacht kommen und diese Schlacht für die griechische Flotte siegreich enden müsse, aber auch, daß diese Schlacht nur bei Salamis stattfinden dürfe.

So hatten beide, Xerxes und Themistokles, den Wunsch, die Schlacht bald stattfinden zu lassen.

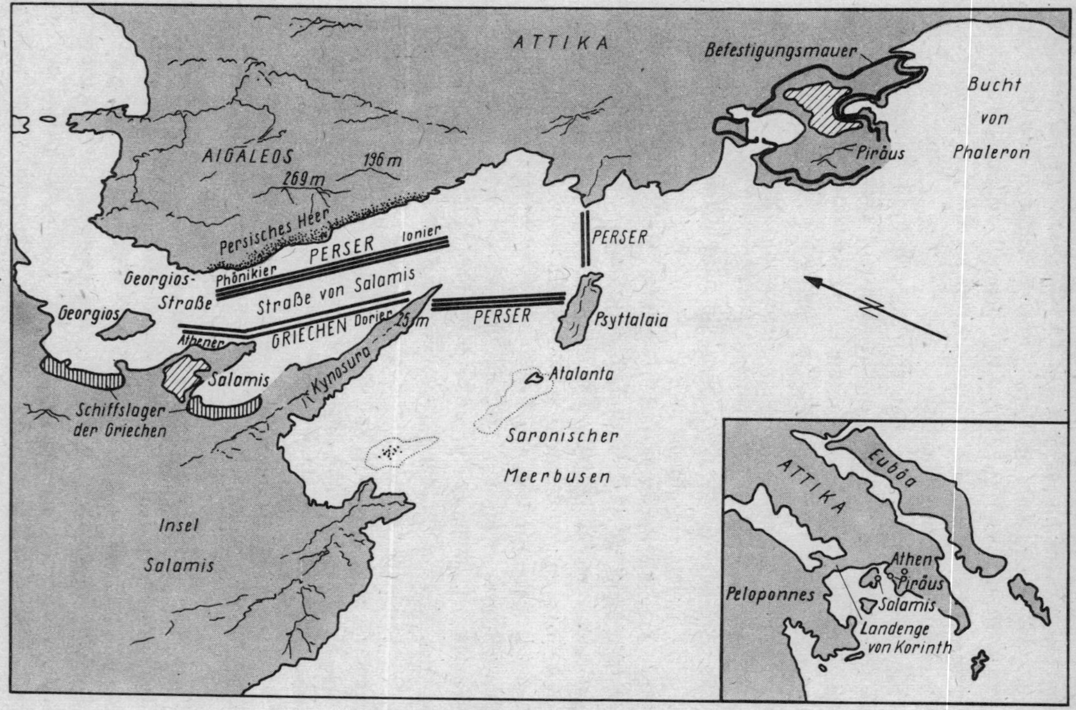

5 Seeschlacht bei Salamis (480 v. u. Z.)

Bucht von Phaleron

Piräus

ATTIKA

Befestigungsmauer

Euböa

ATTIKA

Athen
Piräus
Salamis
Landenge von Korinth
Peloponnes

PERSER

Psyttalaia

Atalanta

Saronischer Meerbusen

196 m

209 m

AIGALEOS

Georgios-Straße

Georgios

Persisches Heer

Phöniker

PERSER

Ionier

Straße von Salamis

PERSER

Doriet 25 m

GRIECHEN

Kynosura

Kydathen

Salamis

Schiffslager der Griechen

Insel Salamis

Nachdem sich beide Flotten eineinhalb Monate gegenübergelegen hatten, entschloß sich Xerxes, nicht ohne das Dazutun von Themistokles, zur Schlacht. Nur auf ihre quantitative Überlegenheit bauend, die richtigen Schlußfolgerungen aus dem Seegefecht bei Artemision vergessend, ging die persische Flotte in den Kampf.

Am 27. September 480 v. u. Z., nach Sonnenuntergang, verließ eine persische Vorausabteilung Phaleron, besetzte die Insel Psyttaleia und sperrte die östlich und westlich der Insel liegenden Zugänge der Bucht von Salamis.

Die Annahme, daß der Zugang zur Bucht von Salamis, östlich der Insel Georgios, die Georgios-Straße, ebenfalls durch persische Vorausabteilungen gesperrt wurde, ist zweifelhaft. Das Lager der Griechen befand sich etwa 1 km von der Georgios-Straße entfernt, und es gibt keinen Grund anzunehmen, daß die Griechen die Sperrung durch die Perser nicht bemerkt hätten, zumal ihnen bereits am Vortage eine Schlacht angeboten worden war und Themistokles in dieser Situation besonders aufmerksam gewesen sein wird. Weiterhin war die Georgios-Straße der letzte Fluchtweg der griechischen Flotte, so daß man am frühen Morgen versucht haben würde, diese Sperre aufzubrechen. Darüber ist aber nichts bekannt geworden. Das Durchbrechen der Sperre bei der Insel Psyttaleia war demgegenüber nicht erforderlich, da die Absicht bestand, die persische Flotte in die Bucht von Salamis zu locken.

Um Mitternacht liefen die Hauptkräfte der Perser aus Phaleron aus und ruderten, sich dicht an der Küste Attikas haltend, in die Bucht von Salamis.

In derselben Nacht brach auch das persische Heer von Athen in Richtung Peloponnes auf und bezog an der attischen Küste der Bucht von Salamis Stellung. Damit wollte man einen moralischen Druck auf die griechische Flotte ausüben, bei sich bietender Möglichkeit in die Schlacht eingreifen und, da man fest mit einem Sieg rechnete, die Moral des Heeres heben.

Die persische Flotte stellte sich in dreifacher Dwarslinie den Griechen gegenüber auf, die sich mit beiden Flügeln auf die Ufer stützten und nicht umgangen werden konnten.

Am Morgen des 28. September 480 v. u. Z. begann die Schlacht, die weltgeschichtliche Bedeutung erlangen sollte, genau dort, wo es sich Themistokles wünschte. Die linke griechische Flanke begann sofort einen zielstrebigen Angriff auf die ihr gegenüber befindlichen, in persischen Diensten stehenden Phöniker. Die Enge des Gewässers gestattete es der persischen Flotte nicht, sich voll zu entfalten, und es kam sofort zu einem Handgemenge, also zu einer Situation, die die Perser nicht wünschten. Ihre rechte Flanke wurde immer mehr zurückgedrängt, der Raum immer enger und die Unordnung immer größer. Als sich die rechte persische Flanke zurückziehen mußte, übte sie einen starken Druck auf ihr eigenes Zentrum aus, das sich ebenfalls nicht entfalten konnte und nun auch in Unordnung geriet. Es kam immer mehr zu Einzelkämpfen der Bord an Bord liegenden Schiffe. Die Rammtaktik konnte unter diesen Umständen nicht mehr angewendet werden. Schließlich wurde der Druck immer stärker, und die hart bedrängten persischen Schiffe suchten ihr Heil in der Flucht. So endete die Seeschlacht bei Salamis mit einem glänzenden Sieg der Griechen, die nur 40 Schiffe verloren. Die Perser hingegen büßten 200 ein.

Für den Sieg der Griechen bei Salamis können sicherlich viele Gründe angeführt werden. Ausschlaggebend dürften aber folgende gewesen sein:

1. Die Griechen kämpften für die Freiheit ihres Landes. Die daraus resultierende hohe moralische Überlegenheit konnte der Aggressor nicht ausgleichen.

2. In Themistokles besaß die griechische Flotte einen fähigen Führer, der die Bedeutung der Flotte im Rahmen der Streitkräfte richtig erkannte und in der Lage war, die entstandene Situation bei der Insel Salamis der Realität entsprechend einzuschätzen sowie die Flotte demgemäß zu führen.

3. Die Wahl des Ortes der Schlacht durch Themistokles wirkte sich für die griechische Flotte sehr günstig aus. Sie konnte ihre zahlenmäßig weit unterlegenen Kräfte in diesem engen Gewässer voll entfalten und sich mit beiden Flanken auf die Küste stützen, so daß ein Flankenangriff oder Umgehen durch die Perser unmöglich war. Xerxes hingegen gelang es nicht, seine Kräfte auch nur annähernd voll zu entfalten, so daß seine zahlenmäßige Überlegenheit eher zum Hindernis als zum Vorteil wurde.

4. Der Ausbildungsstand, der Grad der Organisiertheit, die Qualität der Schiffe sowie die Taktik waren bei den Griechen trotz aller Abstriche, die gemacht werden müssen, höher.
5. Die Ermüdung der Perser, hervorgerufen durch das in der vorhergehenden Nacht erfolgte Verlegen ihrer Flotte, hatte sicher ebenfalls zum Sieg der Griechen beigetragen.

Neue taktische Methoden brachte die Seeschlacht nicht. In der Hauptsache wurde geentert, dazu auch gerammt; letzteres führte aber aufgrund der räumlichen Enge selten zum Erfolg.

Die Schlacht bestand aus vier Phasen: aus der Entfaltung der Flotten, aus der Annäherung beider Flotten, aus den eigentlichen Kampfhandlungen sowie aus dem Lösen voneinander. Dieser Ablauf hat sich im wesentlichen bis in das 20. Jahrhundert erhalten.

Der Sieg der Griechen bei Salamis war der entscheidende Wendepunkt im dritten persischen Feldzug und darüber hinaus im Griechisch-Persischen Krieg. Die Niederlage der Flotte nahm den Persern ihre Nachschubmöglichkeiten für das Heer, da der Zustand der Landverbindungen sowie die mangelhaften Landtransportmittel eine ausreichende Versorgung nicht gewährleisten konnten. Dazu mußten die Seeverbindungen genutzt werden. Da aber die Flotte nicht mehr in der Lage war, die Seeverbindungen vor der griechischen Flotte zu schützen, mußte sich Xerxes, vermutlich auch aufgrund von Aufständen in anderen Gebieten des Persischen Reiches, zum Rückzug entschließen.

Auf dem Rückzug ließ Xerxes, mit der Absicht später einen erneuten Feldzug gegen Griechenland zu führen, eine große Anzahl ausgewählter Krieger unter dem Befehl von Mardonius in Tessalien und Mazedonien zurück. Seine Hauptkräfte aber bewegten sich raubend und plündernd, durch Hunger, Krankheiten und Feindeinwirkung große Verluste erleidend, in Richtung Asien.

Das Jahr 479 v. u. Z. brachte für Griechenland noch größere Gefahren als das Jahr 480 v. u. Z., da ihm mit den Kriegern des Mardonius ein wesentlich beweglicherer Feind, der sich dazu noch in Europa befand, gegenüberstand. Aber erst als im Juni 479 v. u. Z. Mardonius in Attika einrückte und Athen zerstörte, entsannen sich die griechischen Verbündeten ihrer Bündnispflicht gegenüber Athen. Aus den Angehörigen von 24 Städten wurde ein Heer in Stärke von 38 700 Mann schwerem und 71 300 Mann leichtem Fußvolk gebildet. Die beiden Heere trafen sich an den Ufern des Flusses Asopus, wo sie sich zunächst zehn Tage tatenlos gegenüberlagen, da beide aus Tiereingeweiden lasen, daß unter den gegebenen Umständen für sie Verteidigungshandlungen günstiger wären. Am 25. September 479 v. u. Z. kam es endlich zur Schlacht bei Plataiai, in der die Perser trotz erdrückender Übermacht vernichtend geschlagen wurden.

Bis zum Herbst 479 v. u. Z. waren die persische und die griechische Flotte inaktiv geblieben. Die persische Flotte hatte sich geteilt. Ihr kampfstärkster Teil befand sich in phönikischen Häfen, der andere Teil hielt sich bei der Insel Samos auf. Die griechische Flotte lag bei Delos. Auf Bitten der Bewohner der Insel Samos, die Griechen waren, ging die griechische Flotte im September unter dem Befehl des spartanischen Königs Leotychides Anker auf und nahm Kurs auf Samos, wohl wissend, daß sich bei ihrer Ankunft die ionischen Griechen sofort gegen die Perser erheben würden.

Als sich Leotychides der persischen Flotte näherte, zog sich diese mit ihren 250 Einheiten in Richtung der Halbinsel Mykale zurück, wo sich ein Lager von 60000 Persern unter dem Befehl von Tigranes befand. Dort slippte man die Schiffe auf und beteiligte sich an der Befestigung des Lagers. Hier zeigte sich, daß es die persische Flotte schon nicht mehr wagte, in offener Seeschlacht der immer stärker gewordenen griechischen Flotte gegenüberzutreten. Am Abend des 25. September 479 v. u. Z., am Tage der Schlacht von Plataiai, landeten die Griechen unweit des Lagers der Perser. Sie erfochten einen vollständigen Sieg, die am Strand liegende persische Flotte wurde restlos verbrannt. So verlor Xerxes innerhalb von 24 Stunden durch die beiden glänzenden Siege der Griechen bei Plataiai und Mykale einen Großteil seines Heeres und seiner Flotte. An weitere offensive Kampfhandlungen gegen die Griechen war nun nicht mehr zu denken.

Die Perser waren im weiteren nicht in der Lage, auf die Dauer den ständigen griechischen Angriffen standzuhalten, und die Griechen konnten erfolgreiche Eroberungen in größerer Entfernung vom Mutterland nicht durchführen. Die aus verschiedenen Völkern und Stämmen bestehende persische Armee konnte die Griechen nicht besiegen, da diese auf einer gesellschaftlilch höheren Entwicklungsstufe standen. Nicht unwesentlich trugen die Aufstände in den persischen Satrapien, besonders in Babylon, zum Mißlingen der persischen Eroberungsabsichten bei. Große Teile der persischen Armee waren dadurch gebunden. Die Gefahr weiterer Aufstände gestattete es Xerxes nicht, seine Gesamte Streitmacht gegen Griechenland einzusetzen. So kam es 449/48 v. u. Z. zwischen beiden Seiten zum sogenannten Frieden des Kallias.

Die Flotte spielte bei den Persern keine so dominierende Rolle wie bei den Griechen. Zur Lösung selbständiger Aufgaben war sie kaum vorgesehen. Bedingt durch den Verlauf des Krieges, mußte sie aber wie bei Artemision und Salamis relativ selbständige Kampfhandlungen durchführen. Die Griechen hatten ihre Flotte in die strategische Planung als tragendes Element einbezogen, verstanden es aber bis Salamis aus verschiedenen Gründen nicht, sie zur Lösung strategischer Aufgaben einzusetzen. Bei Salamis gelang es der griechischen Flotte jedoch, eine Aufgabe strategischen Charakters zu lösen, was allerdings mehr aus der dringenden Notwendigkeit als aus einer exakten strategischen Vorausplanung entsprang. Ab Herbst 479 v. u. Z. handelte die Flotte initiativreich und war bei Mykale erfolgreich, was in Verbindung mit dem Sieg bei Plataiai strategische Auswirkungen hatte.

Die Handlungen der griechischen und der persischen Seestreitkräfte dürfen nur im Zusammenhang mit den Handlungen der Landstreitkräfte betrachtet werden. Beide wirkten in der Regel zusammen, wobei das Zusammenwirken immer im Interesse der Landstreitkräfte organisiert wurde. Das kam besonders in den Kampfhandlungen bei den Thermopylen und Artemision zum Ausdruck, in denen die Entscheidung durch den Sieg des persischen Heeres herbeigeführt wurde.

Für Griechenland war die Schaffung einer Flotte durch Themistokles von entscheidender Bedeutung. Nicht minder wichtig war, daß diese Flotte die ihr unbekannte Taktik erlernte und sie im Gefecht erfolgreich anzuwenden verstand.

Die Resultate der Seegefechte und -schlachten, die sie geliefert hat, zeugen davon, daß diese Aufgabe gemeistert wurde. Zur Weiterentwicklung der Taktik sowie der Kampfschiffe und -technik hatte sie keinen wesentlichen Beitrag geleistet.

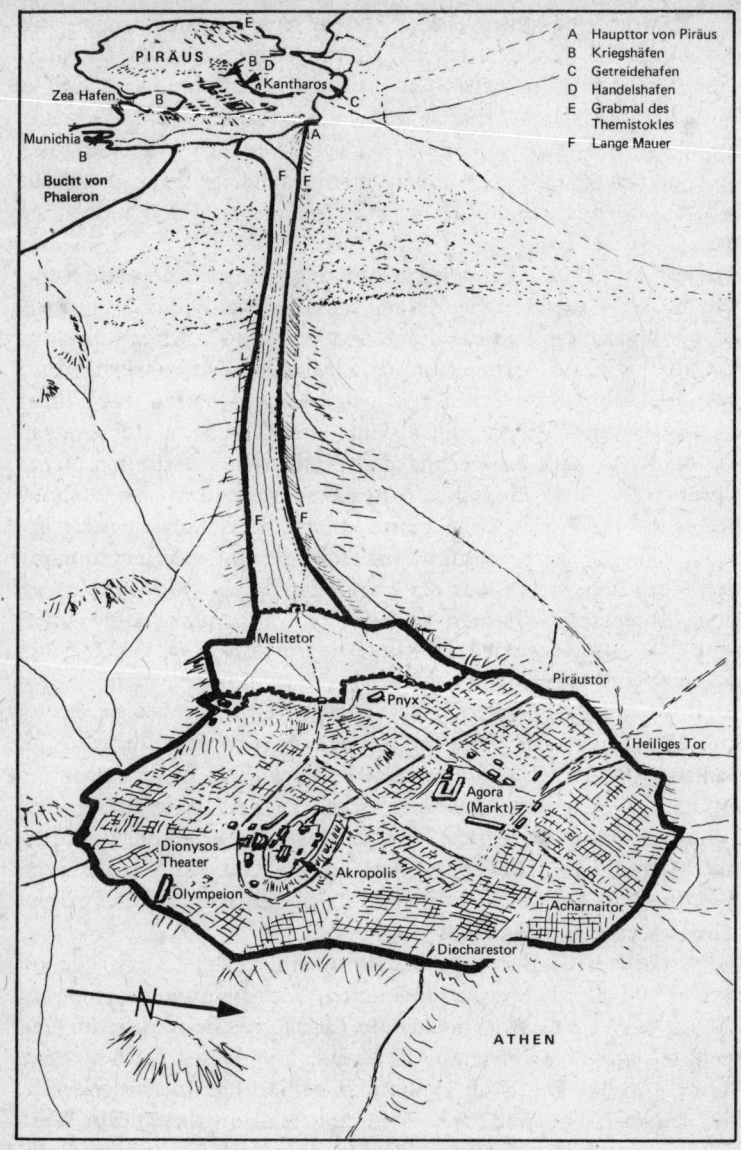

A   Haupttor von Piräus
B   Kriegshäfen
C   Getreidehafen
D   Handelshafen
E   Grabmal des
     Themistokles
F   Lange Mauer

PIRÄUS

Zea Hafen

Kantharos

Munichia

Bucht von
Phaleron

Meletetor

Pnyx

Piräustor

Heiliges Tor

Agora
(Markt)

Dionysos
Theater

Akropolis

Olympeion

Acharnaitor

Diocharestor

N

ATHEN

6 Athen und Piräus

Der Peloponnesische Krieg (431–404 v. u. Z.)

Die Ursachen des Krieges

Während des Griechisch-Persischen Krieges entwickelten sich in Griechenland erhebliche gesellschaftliche Widersprüche. Sparta, welches das 481 v. u. Z. gegründete Bündnis aller griechischen Festlandstaaten gegen das Persische Reich führte, und Athen, das sich zur stärksten Seemacht Griechenlands entwickelte, waren die Hauptwidersacher. Da der Krieg gegen Persien die Bedeutung der Flotte immer mehr anwachsen ließ, verstärkte sich auch die Rolle und Bedeutung Athens. Dieser Entwicklung konnte Sparta nichts entgegensetzen.

So befestigte Athen gegen den Widerstand Spartas die Stadt, die Zufahrt zum Hafen Piräus und den Hafen selbst. Auch gegen die Bildung des Attisch-Delischen Seebundes im Jahre 478/477 v. u. Z., der unter der Hegemonie Athens stand, vermochte Sparta nichts auszurichten. Anfangs stellte Sparta zwar noch den Oberbefehlshaber des Bundes, was aber schon nicht mehr dem realen Kräfteverhältnis entsprach. So waren das überhebliche Auftreten und der vermutliche Verrat des Spartaners Pausanias (König von 480–467 (?) v. u. Z.) nur ein äußerer Anlaß zu einem Führungswechsel im Bund. Die Führung wurde jetzt auch offiziell von Athen ausgeübt.

Das Ziel des Seebundes bestand zunächst im gemeinsamen Kampf zur Niederhaltung der Perser im griechischen Interessengebiet. Das wichtigste Machtmittel des Bundes war die Flotte, zu der aber nur die größeren Staaten Kontingente stellten. Den weitaus größten Teil der Schiffe stellte Athen. Mitglieder, die keine Schiffe stellen konnten, hatten die Möglichkeit, dies durch Geldzahlungen auszugleichen. Athen verpflichtete sich dafür, eine starke Flotte zu unterhalten. So entwickelte sich, auf Kosten der Mitglieder, die Flotte Athens immer mehr und konnte gegebenenfalls als Druckmittel gegen unbotmäßige Bündnispartner eingesetzt werden. Die Insel Delos wurde zum Sitz des Bundesrates und zur Aufbewahrung des Bundesschatzes bestimmt. Seine Höhe war nicht unbedeutend; folglich war es nicht verwunderlich, daß der Posten des Generalschatzmeisters für ständig an

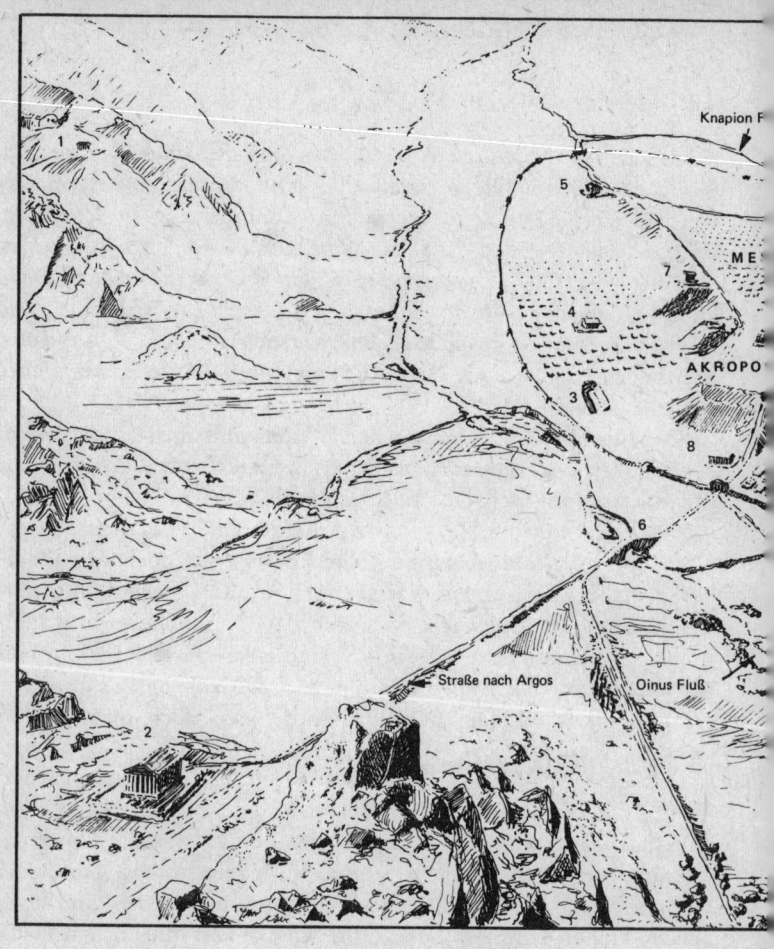

Knapion F

5

ME

7

AKROPO

4

3

8

6

Straße nach Argos

Oinus Fluß

1

2

7 Sparta

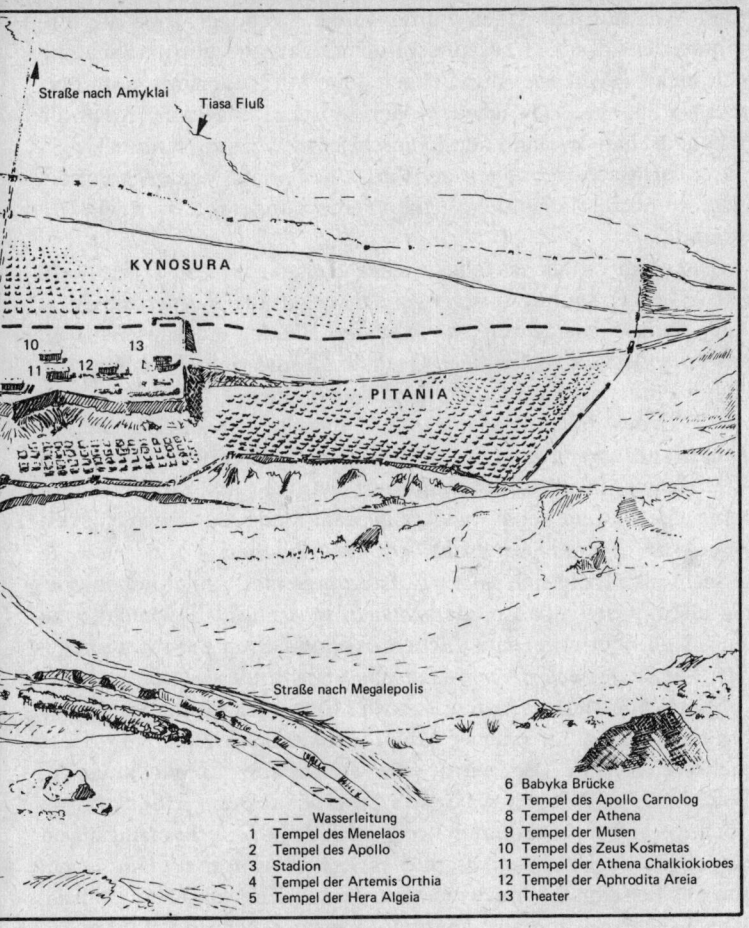

Straße nach Amyklai   Tiasa Fluß

KYNOSURA

10   13
11   12

PITANIA

Straße nach Megalepolis

- - - -   Wasserleitung
1   Tempel des Menelaos
2   Tempel des Apollo
3   Stadion
4   Tempel der Artemis Orthia
5   Tempel der Hera Algeia

6   Babyka Brücke
7   Tempel des Apollo Carnolog
8   Tempel der Athena
9   Tempel der Musen
10 Tempel des Zeus Kosmetas
11 Tempel der Athena Chalkiokiobes
12 Tempel der Aphrodita Areia
13 Theater

einen Athener fiel. Athen wurde immer mächtiger, trieb die Einnahmen des Bundes mit unerbittlicher Strenge ein und scheute sich nicht, gegen vom Bund abgefallene Mitglieder mit Waffengewalt vorzugehen. Dazu wurde der Umstand ausgenutzt, daß die Mitgliedschaft im Bund zeitlich nicht begrenzt war, wodurch jegliche Austrittsbestrebungen als Verrat deklariert werden konnten. Nach und nach behandelte Athen seine Bundesgenossen wie Untertanen.

Athen war somit als eigentlicher Sieger aus dem Griechisch-Persischen Krieg hervorgegangen. Es besaß die Vorherrschaft im Ägäischen Meer und vereinte in seinen Händen einen großen Teil des griechischen Seehandels. Deshalb konnte sich der athenische Hafen Piräus zu einem wichtigen Transithafen, über den ein großer Teil des griechischen Handels lief, entwickeln. Der Import Athens bestand vorrangig aus Getreide, während Metallwaren, Waffen und Luxusartikel exportiert wurden. Die Sklaverei breitete sich aus, und der Entwicklungsstand der Produktivkräfte verlangte nach einer Änderung der bestehenden Verhältnisse in Griechenland, die sich in der Entstehung eines einheitlichen griechischen Staates hätte niederschlagen müssen. Daß es nicht dazu kam, lag in der unterschiedlichen ökonomischen Basis der einzelnen Mitglieder des Attisch-Delischen Seebundes begründet.

Sparta, die stärkste Landmacht in Griechenland, sah der weiteren Festigung der Seemacht Athen nicht tatenlos zu. Dafür gab es mehrere Gründe. So wurde die stürmische Entwicklung der Ware-Geld-Beziehung für Sparta zu einer realen Gefahr, und es trachtete selbst danach, die Vorherrschaft in Griechenland zu erringen. In diesem Sinne stärkte es seine Position als Landmacht auf der Peloponnes und versuchte seinen Einfluß auf die mittelgriechischen Staaten auszudehnen. Dies geschah im Peloponnesischen Bund, dem Sparta als Führungsmacht vorstand. All diese innergriechischen Widersprüche mußten einer Lösung zugeführt werden, und diese Lösung wurde im Peloponnesischen Krieg gesucht.

Athen und Sparta versuchten den Beginn des Krieges hinauszuzögern, was aber aufgrund der sich immer mehr verschärfenden Widersprüche zwischen den beiden Seemächten Korinth, das mit Sparta verbündet war, und Athen nicht gelang.

Korinth bemühte sich, seine Handelsbeziehugen mit Sizilien und Unteritalien auszubauen, und kam dabei mit Athen, das die gleichen Bestrebungen verfolgte, in Konflikt. Die militärischen Auseinandersetzungen zwischen Korinth und Kerkyra trugen ebenfalls zur Erhöhung der Spannungen bei, da sich Kerkyra mit der Bitte um Unterstützung an Athen wandte, das nach längerem Zögern in ein Defensivbündnis einwilligte. Der letzte Tropfen, der das Faß zum Überlaufen brachte, war die Sperrung aller Häfen des Attisch-Delischen Seebundes für die Schiffe der Stadt Megara, die zum Peloponnesischen Bund gehörte. Sparta und alle anderen Mitglieder dieses Bundes sahen das als Friedensbruch an und forderten daraufhin von Athen die Autonomie für alle Mitglieder des Attisch-Delischen Seebundes, worauf Athen nicht einging. Damit war der Krieg unvermeidlich.

Der Kriegsplan der Athener wurde von Perikles (um 495–429 v. u. Z.), einem hochgebildeten Mann, hervorragenden Organisator und ausgezeichneten Heerführer, ausgearbeitet. Perikles war es von Anfang an klar, daß Athen den Krieg nur zur See erfolgreich führen konnte und zu Lande nur zu Defensivhandlungen fähig war. Deshalb sollte die Flotte die Peloponnes von See aus blockieren, die spartanische Flotte vernichten, die gegnerische Küste verwüsten und die feindlichen Ansiedlungen, sofern sie sich an der Küste befanden, unterwerfen. Zu Lande wollte er dem Gegner den Einfall nach Attika gestatten, da die gesamte Bevölkerung hinter den Mauern Athens Schutz finden konnte.

Der Kriegsplan des Perikles hatte jedoch einige entscheidende Mängel. Zur Erreichung der Kriegsziele sah er hauptsächlich Handlungen der Flotte vor. Gemeinsame Handlungen der Land- und Seestreitkräfte, die zur Erringung des Sieges unbedingt erforderlich waren, wurden nicht in Betracht gezogen. Ein weiterer Fehler war die kampflose Aufgabe eines Großteils des attischen Territoriums. Das führte zur Beunruhigung der attischen Bevölkerung, die gezwungen war, sich nach Athen zurückzuziehen, dort Stimmung machte und das Lager der Feinde von Perikles stärkte. Ein weiterer schwerer Fehler war die Überschätzung der Geschlossenheit des Attisch-Delischen Seebundes sowie der ökonomischen Stärke Athens.

Das Heer Athens war nicht sehr stark und bestand aus etwa

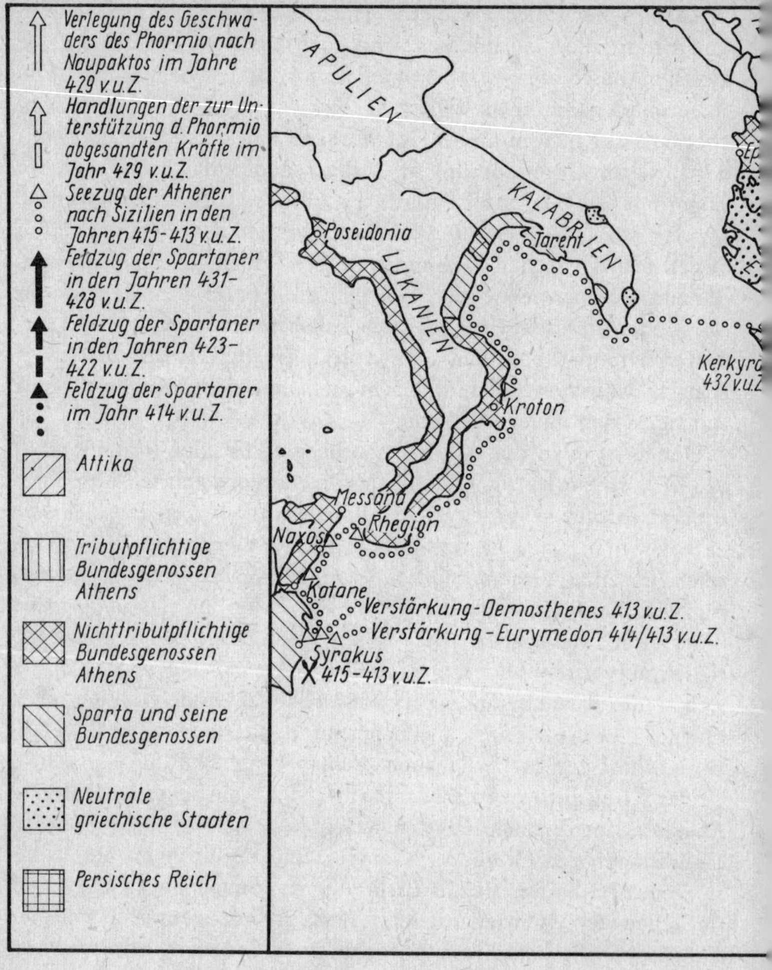
Verlegung des Geschwaders des Phormio nach Naupaktos im Jahre 429 v.u.Z.
Handlungen der zur Unterstützung d. Phormio abgesandten Kräfte im Jahr 429 v.u.Z.
Seezug der Athener nach Sizilien in den Jahren 415-413 v.u.Z.
Feldzug der Spartaner in den Jahren 431-428 v.u.Z.
Feldzug der Spartaner in den Jahren 423-422 v.u.Z.
Feldzug der Spartaner im Jahr 414 v.u.Z.
Attika
Tributpflichtige Bundesgenossen Athens
Nichttributpflichtige Bundesgenossen Athens
Sparta und seine Bundesgenossen
Neutrale griechische Staaten
Persisches Reich
APULIEN
KALABRIEN
LUKANIEN
Poseidonia
Tarent
Kroton
Messana
Rhegion
Naxos
Katane
Syrakus
415-413 v.u.Z.
Verstärkung-Demosthenes 413 v.u.Z.
Verstärkung-Eurymedon 414/413 v.u.Z.

8 *Griechenland zur Zeit des Peloponnesischen Krieges*

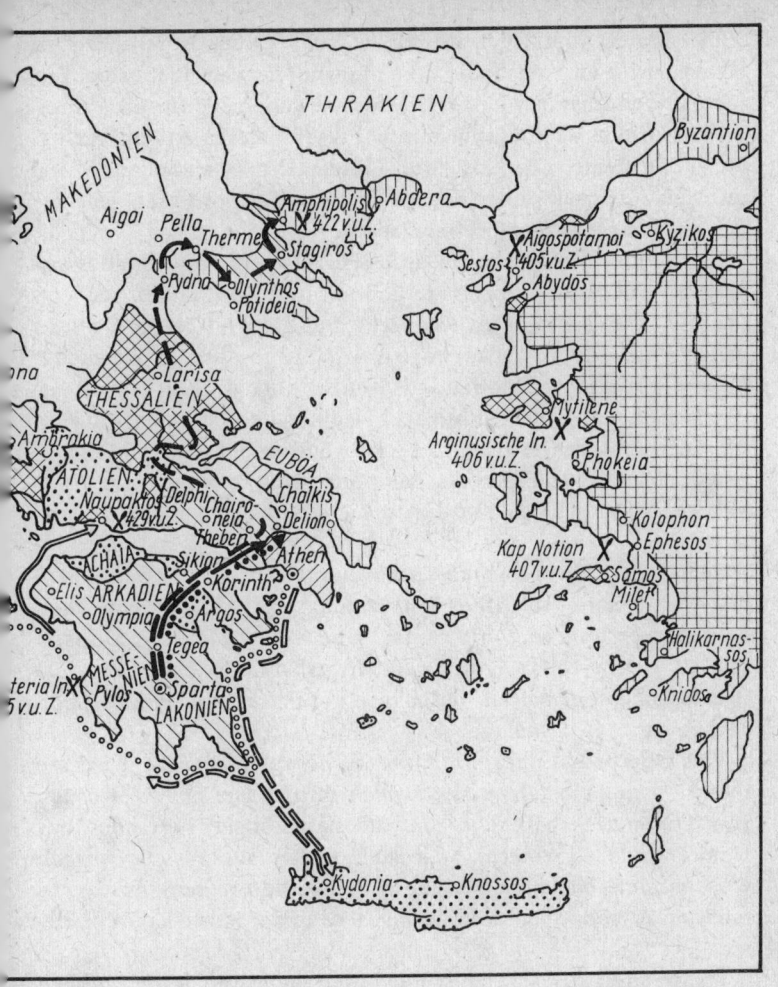

32000 Mann, von denen die Hälfte zum Schutz Athens, dessen Hafen sowie anderer Städte abkommandiert war. Weiterhin verfügte Athen über 300 Kriegsschiffe, von denen 100 für die Verteidigung Athens bestimmt waren. Die Verbündeten Athens verfügten über keine nennenswerte Flotte. Die finanziellen Mittel reichten zunächst infolge des nach Athen transportierten Schatzes des Attisch-Delischen Seebundes aus.

Der Kriegsplan Spartas und des Peloponnesischen Bundes sah vor, mit überlegenen Landstreitkräften in Attika einzufallen und in einer Landschlacht Athen vernichtend zu schlagen. Da man gleichzeitig über die Landenge von Korinth, aus südwestlicher Richtung, und von Böotien, aus nordwestlicher Richtung, in Attika einfallen konnte, glaubte man an einen kurzen Krieg. Obwohl die Seemacht des Attisch-Delischen Seebundes Kampfhandlungen der schwachen Flotte des Peloponnesischen Bundes von vornherein fast ausschloß, dachte man nicht daran, die Flotte zu verstärken.

Sparta als ausgesprochene Landmacht verfügte über keine nennenswerte Flotte, so daß es in maritimer Hinsicht auf seine Bundesgenossen angewiesen war. Im Jahre 431 v. u. Z. besaß Sparta nur 25 Kriegsschiffe und einen Kriegshafen in Gytheion. Die Bundesgenossen hatten deshalb eine bestimmte Anzahl von Kriegsschiffen zu stellen.

Der Oberbefehl über die Flotte lag beim Nauarchen, der diese Funktion nur ein Jahr lang ausüben durfte. Die Schiffe wurden von Trierarchen befehligt, und die Besatzungen bestanden aus Heloten oder Söldnern. Spartiaten waren außer dem jährlich wechselnden Nauarchen, seinem Stellvertreter, dem Epistoleus und den Angehörigen des Flottenstabes in der Flotte kaum vertreten.

Die Flotten der spartanischen Bundesgenossen waren zahlenmäßig ebenfalls nicht sehr stark. Anfangs zählten sie kaum mehr als 40 bis 60 Schiffe. Als Sparta z. B. von seinen Bundesgenossen 100 Schiffe verlangte, konnten Megara, Trözen und Epidauros zusammen nur 10 Schiffe stellen. Erst im Seegefecht bei den Arginusen konnten 120 Schiffe eingesetzt werden. Als stärkste Seemacht trat im Peloponnesischen Bund Korinth auf. Die finanziellen Mittel des Bundes waren recht beschränkt. Trotz einer Reihe von

Streitigkeiten waren die Verbündeten Spartas zuverlässiger als die der Athener.

Die Handlungen der Flotten im Peloponnesischen Krieg

Vorangestellt sei, daß die Ereignisse auf See für den Ausgang des Peloponnesischen Krieges keine große Bedeutung hatten. Lediglich zwei Seegefechte bei Naupaktos im Jahre 429 v. u. Z., der spektakuläre Seezug der Athener nach Sizilien im Jahre 415 v. u. Z. und das Seegefecht bei den Arginusischen Inseln im Jahre 406 v. u. Z. bildeten eine gewisse Ausnahme. Alles andere waren Brandschatzungen der gegnerischen Küste und Zerstörungen feindlicher Küstenstädte.

Die Seegefechte bei Naupaktos (429 v. u. Z.)

Am Westausgang des Golfes von Korinth liegen die Inseln Kephallenia und Zakynthos, die zur Zeit des Peloponnesischen Krieges Verbündete Athens waren. Diese Inseln wurden von der athenischen Flotte ebenso wie die direkt im Golf von Korinth liegende und mit Athen verbündete Stadt Naupaktos zur Kontrolle der Seeverbindungen von und nach Korinth genutzt. Sparta und Korinth verstanden sehr gut, daß Naupaktos für die eigenen Seeverbindungen eine ständige Gefahr darstellte. Deshalb sandten sie im Jahre 430 v. u. Z., als die Flotte Athens an der Westküste der Peloponnes gebunden war, eine Abteilung ihrer Flotte in dieses Gebiet. Diese Abteilung hatte die Aufgabe, die Insel Zakynthos zu besetzen, was ihr aber nicht gelang. Lediglich Einrichtungen, die auf der Insel lagen, wurden zerstört.

Dieses Ereignis machte Athen nachdrücklich auf die Lage im Golf von Korinth aufmerksam, und es schickte 20 Trieren unter dem Befehl des Phormio nach Naupaktos, um die Seetransporte auf den Seeverbindungen des Gegners zu stören und die Sicherheit der Verbündeten zu gewährleisten.

Um die gewachsene Bedrohung für korinthische Seetransporte zu beseitigen, schickte Korinth 47 Schiffe gegen Naupaktos.

Phormio war über die Aufgabe der korinthischen Schiffe ebenso unterrichtet wie über ihren jeweiligen Standort. Als sie in

Sicht kamen, begleitete er die im Golf von Korinth mit Nordwestkurs laufenden Schiffe seines Gegners, indem er sich an die Nordküste des Golfes hielt und nicht angriff. Er wußte sehr gut, daß er mit seiner zahlenmäßig weit unterlegenen Flotte in diesen engen Gewässern keine Erfolgsaussichten hatte. Um die überlegene taktische Ausbildung seines Geschwaders ausspielen zu können, brauchte er freies Wasser. Hätte er sich in engen Gewässern auf einen Kampf eingelassen, wäre es zu Einzelkämpfen zwischen den Schiffen gekommen. Auf ein eigenes Schiff konnten die Korinther zwei ihrer Schiffe ansetzen. Andererseits glaubten die Korinther nicht, daß sich die Athener mit ihren 20 Fahrzeugen in ein Gefecht mit 47 Fahrzeugen einlassen würden. Wissend, daß ein Gefecht auf hoher See für sie gefährlich wäre, hielten sie sich immer in der Nähe der Küste. Nachts versuchten sie, Phormio über ihren Kurs zu täuschen, und legten sich vor Patras vor Anker. Die Athener ließen sich aber nicht abschütteln und legten sich an der gegenüberliegenden Küste auf die Lauer.

Am nächsten Tag, noch vor Sonnenaufgang, lichteten die Korinther die Anker. Die wachsamen Athener bemerkten dieses Manöver und griffen die korinthischen Schiffe, als sie offenes Wasser erreicht hatten, an. Die Korinther, die Angriffsabsichten der Athener erkennend, bildeten aus der Dwarslinie heraus eine Kreisformation, wobei der Rammsporn nach außen, in Richtung des Gegners zeigte. Innerhalb der Kreisformation befanden sich fünf der stärksten korinthischen Trieren, die die Aufgabe hatten, eindringende athenische Schiffe zu vernichten. Außerdem hielten sich in ihr 12 Transportschiffe auf. Die hohe Zahl der Transportschiffe läßt darauf schließen, daß ihre Aufgabe aufgrund der geplanten Kürze des Unternehmens nicht in der Versorgung der Kampfschiffe, sondern im Transport von Reiterei und Fußvolk bestand.

Nachdem die Korinther die Kreisformation eingenommen hatten, formierte Phormio sein Geschwader in Kiellinie um und begann, seinen Gegner ständig zu umfahren. Dabei zog er den Kreis immer enger und preßte die Kreisformation mehr und mehr zusammen. Den Fehler der Perser von 480 v. u. Z. bei Artemision, in den Kreis einzubrechen, wiederholte er nicht. Möglicherweise ging dadurch der Plan der Korinther nicht auf. Im Gegenteil, ihre Lage spitzte sich immer mehr zu.

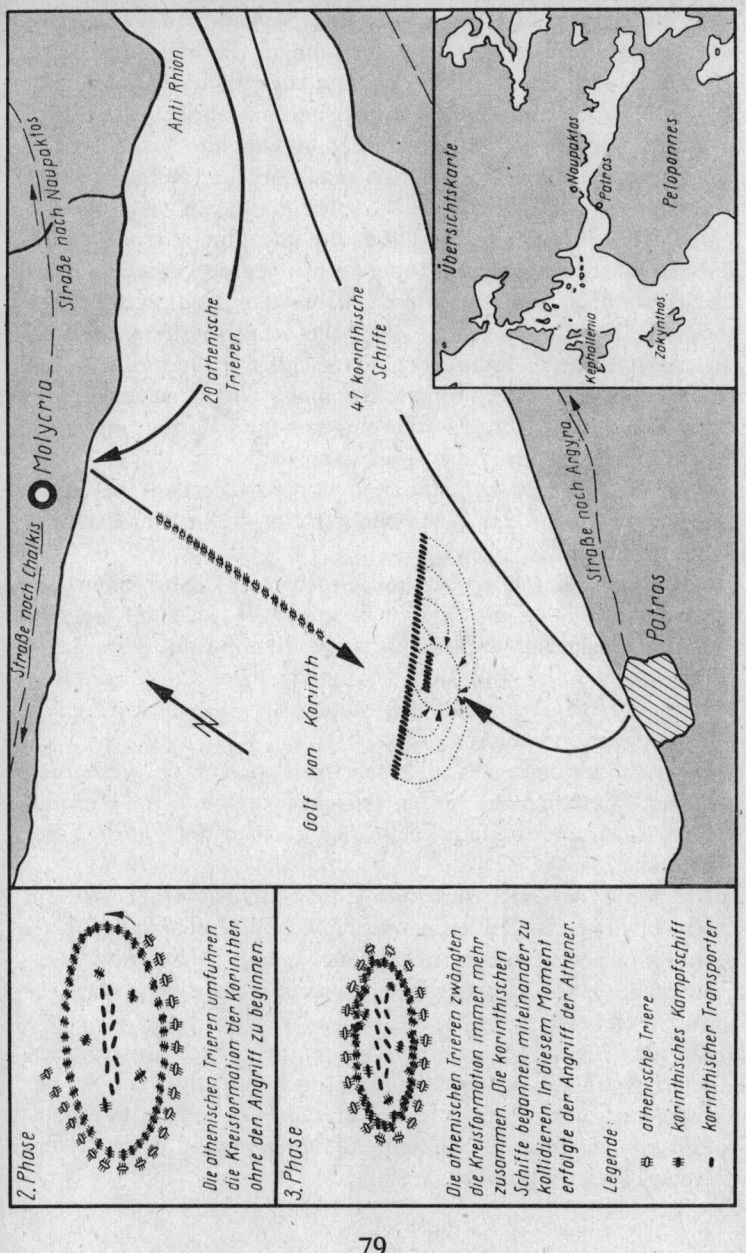

Straße nach Chalkis

Molycria

Straße nach Naupaktos

Anti Rhion

20 athenische
Trieren

47 korinthische
Schiffe

Golf von Korinth

N

Patras

Straße nach Argyra

Übersichtskarte

Naupaktos

Patras

Peloponnes

Kephallenia

Zakynthos

2. Phase

Die athenischen Trieren umfuhren
die Kreisformation der Korinther,
ohne den Angriff zu beginnen.

3. Phase

Die athenischen Trieren zwängten
die Kreisformation immer mehr
zusammen. Die korinthischen
Schiffe begannen miteinander zu
kollidieren in diesem Moment
erfolgte der Angriff der Athener.

Legende:

athenische Triere

korinthisches Kampfschiff

korinthischer Transporter

9 Erstes Seegefecht bei Naupaktos (429 v. u. Z.)

79

Darüber berichtete Thukydides, ein zeitgenössischer griechischer Geschichtsschreiber: «Als sich nun ... (der) Wind wirklich aufmachte, gerieten die ohnehin schon eng zusammengedrängten Schiffe unter dem Druck des Windes und der übrigen Fahrzeuge in Verwirrung, stießen zusammen und mußten mit Staken voneinander geschoben werden. Bei dem unaufhörlichen Rufen: ‹In acht nehmen!›, dem Schreien und Schimpfen hörte man weder die Befehle noch den Taktmeister, und da die ungeübte Mannschaft bei dem lebhaften Seegang die Ruder nicht regieren konnte, wollten die Schiffe dem Steuer nicht mehr gehorchen. In diesem Augenblick gab Phormio das Zeichen, und die Athener griffen an, bohrten zuerst eins der feindlichen Flaggschiffe in den Grund und setzten dann auch alle übrigen, die ihnen vorkamen, außer Gefecht, so daß die Gegner in der eingetretenen Verwirrung jeden Widerstand aufgaben und ... flüchteten.»

Das Schicksal des korinthischen Geschwaders war besiegelt. Für die Niederlage der Korinther war eine Reihe von Faktoren ausschlaggebend.

1. Der Angriff des korinthischen Geschwaders hätte einen Tag früher stattfinden müssen. In diesem Falle wäre der Gegner, der die Begleitung an der Nordküste durchführte, gegen Land gedrückt worden, und die Ausgangslage hätte sich für die Korinther günstiger gestaltet, da sich die Athener in diesem Gebiet nicht entfalten konnten.

2. Die Ausbildung des athenischen Geschwaders war wesentlich besser. Das kam nicht nur im taktischen Verhalten von Phormio zum Ausdruck, sondern zeigte sich auch in der Führung der Schiffe.

3. Die Wahl der Kreisformation durch die Korinther war ein schwerwiegender Fehler, der schließlich zur Niederlage führte. Durch diese Formation wurde dem Gegner die Initiative überlassen, und man hatte keine Möglichkeit mehr, eigene Manöver durchzuführen.

4. Zur damaligen Zeit war ein gut ausgebildetes Geschwader, selbst wenn es zahlenmäßig unterlegen war, durchaus in der Lage, auch in entfernten Seegebieten die Seeherrschaft, zumindest zeitweilig, zu behaupten. Allerdings mußte es in diesem Gebiet über Stützpunkte verfügen.

Da über diese Kreisformation viel diskutiert wurde, lohnt es sich, sie noch etwas näher zu betrachten. Die zuerst gefahrene Formation der Dwarslinie läßt den Schluß zu, daß die Korinther mit Angriffsabsichten die Anker lichteten, da die damalige klassische Angriffsformation die Dwarslinie war. Unabhängig davon hat sie der Anblick der athenischen Flotte zur Einnahme der Kreisstellung bewogen. Vielfach wurde ihnen deshalb Feigheit vorgeworfen und diese Formation als reine Defensivhaltung abgestempelt. Offensichtlich lagen die Dinge aber doch etwas anders.

Die Korinther hatten die eindeutige Aufgabe, die im Golf von Korinth operierende Flotte Athens zu schlagen. Erkennend, daß sie im freien Wasser dem Feind unterlegen sind, hielten sie sich ständig unter Land und ankerten mit Einbruch der Dunkelheit unter der Küste, eine Handlung, die zur damaligen Zeit normal und nicht verwunderlich war. Noch vor Sonnenaufgang versuchten sie, sich in der allgemein üblichen Angriffsformation dem Gegner zu nähern. Die auf sie zulaufenden Athener erblickend, bildeten sie die an sich komplizierte Kreisformation. Da die Formierung sofort gelang, ist zu vermuten, daß dieses Manöver trainiert worden war. Ursache dafür können die Erfahrungen aus den Erfolgen der griechischen Flotte im Jahre 480 v. u. Z. bei Artemision sein. Es scheint durchaus glaubhaft, daß die Korinther versuchten, in gleicher Weise einen Sieg zu erringen. Daß das nicht gelang, lag an der zweckmäßigeren Taktik der Athener. Auf alle Fälle ist es falsch, ihnen von vornherein Defensivabsichten zu unterschieben.

Der Ausgang des Seegefechts rief in Sparta Unwillen hervor. Man rüstete zu einem neuen Angriff auf das Geschwader des Phormio, besserte die noch verbliebenen Schiffe aus, befahl den Teilnehmern des Peloponnesischen Bundes, alle verfügbaren Schiffe zu stellen, und bestimmte als neuen Befehlshaber für das Geschwader Brasidas, der sich schon vorher ausgezeichnet hatte.

Als Phormio davon erfuhr, bat er Athen, ihm Verstärkung zu schicken. Diese Bitte wurde als berechtigt anerkannt und ein Geschwader in Stärke von 20 Schiffen in Marsch gesetzt. Es hatte ausreichend Zeit, Naupaktos zu erreichen, bekam aber den unverständlichen Befehl, erst nach Kreta zu fahren und dort das Gebiet um Kydonia zu verwüsten, was auch durchgeführt wurde. Ein danach einsetzender Sturm verhinderte die pünktliche Ankunft in Naupaktos vollends. So mußte Phormio mit seinen 20 Trieren gegen 77 peloponnesische Trieren antreten.

Als Phormio vom Auslaufen der gegnerischen Schiffe erfuhr, lief er ihnen entgegen. Er wußte wiederum sehr genau, daß er sich auch diesmal nicht auf einen Kampf unter Land einlassen durfte, denn jetzt würde er in einem Kampf Bord an Bord erst recht der vierfachen Übermacht seiner Feinde unterliegen. Er hatte nur im freien Wasser Aussicht auf Erfolg.

Durch Thukydides ist die Ansprache des Phormio, die er kurz vor dem Gefecht an die Besatzungen hielt, überliefert. Phormio sagte u. a.: «Soweit es in meiner Macht steht, werde ich nicht innerhalb des Golfes schlagen und nicht in ihn hineingehen. Denn augenscheinlich würde das enge Wasser einer geringeren Anzahl wohlgeübter, schnellerer Schiffe im Kampf gegen eine große Menge ungeübter Schiffe keinen Vorteil bieten. Denn man würde den Feind nicht genug von weitem sehen, um zum Stoß richtig auf ihn halten zu können, auch nicht imstande sein, sich nötigenfalls aus dem Gedränge wieder loszumachen. Geschicktes Anfahren oder Lahmlegen der feindlichen Schiffe, worin die Aufgabe schneller Schiffe recht eigentlich besteht, wäre ausgeschlossen. Der Schiffskampf würde zur Landschlacht werden und damit die Menge der Schiffe das Übergewicht gewinnen. Danach also werde ich mich möglichst einzurichten suchen. Ihr aber haltet gute Ordnung an Bord und tut pünktlich, was euch befohlen wird, zumal die Feinde uns hier in der Nähe auf den Dienst passen. Vor allem im Gefecht selbst haltet auf Ordnung und Stille, wie sich das im Kriege überhaupt, namentlich aber in einer Seeschlacht gehört, und geht den Kerls wieder so tapfer zu Leibe wie das vorige Mal.»

Trotz ihrer vierfachen Überlegenheit wollten sich die Gegner des Phormio nicht nochmals auf ein Gefecht im offenen Wasser einlassen und zogen ihre Schiffe bei Kap Rhion auf Land, um dadurch Phormio zu einem Gefecht in Küstennähe herauszufordern. Das gelang ihnen aber nicht. Phormio legte sich in einer Entfernung von etwa 3 sm, westlich von Anti-Rhion, in Lauerstellung. Zu seiner Unterstützung befand sich eine starke Abteilung messenischer Hopliten an Land, die eine Landung der peloponnesischen Schiffe verhindern sollte. So lagen sich beide Geschwader sechs bis sieben Tage gegenüber. Aber die Zeit arbeitete für Phormio, der Verstärkung in Form der 20 abgesandten Trieren erwartete. Brasidas, dem das bekannt war, mußte also handeln.

Noch vor Morgengrauen formierte Brasidas seine Trieren in eine vierfache Dwarslinie und lief in Richtung Naupaktos ab, um einen Scheinangriff auf den Hafen durchzuführen.

Phormio mußte Anker auf gehen, um seinen Basierungspunkt zu schützen. Er begleitete das Geschwader des Gegners in Kiellinie an der Nordseite des Golfes von Korinth. Dabei blieb es nicht aus, daß sich seine Schiffe der Küste näherten. Darauf hatte Brasidas nur gewartet. Auf ein Signal führten seine Schiffe gleichzeitig eine Schwenkung nach Backbord aus und näherten sich mit hoher Fahrt den ungeschützten Steuerbordseiten der Trieren des Phormio, dem nichts weiter übrigblieb, als noch weiter nach Backbord auszuweichen. Dadurch gerieten die letzten neun Schiffe seiner Kiellinie auf Untiefen und wurden von ihren Besatzungen, da sie verloren schienen, verlassen. Die ihre Flotte an Land begleitenden messenischen Hopliten retteten aber acht Schiffe vor der Besetzung durch die Korinther, indem sie ins Wasser stiegen und die Verteidigung aufnahmen.

Die ersten 11 Schiffe Phormios setzten ihre Fahrt in Kiellinie fort, wurden aber von den schnellsten 20 peloponnesischen Schiffen verfolgt. Als Phormio die Reede von Naupaktos erreicht hatte, formierte er den Rest seines Geschwaders zu einer Dwarslinie, um den Gegner mit dem Rammsporn zu empfangen.

Eines von Phormios Schiffen vermochte aber nicht zu folgen und schien eine leichte Beute des schnellsten peloponnesischen Schiffes zu werden. In dieser Situation griff der Trierarch des verfolgten Schiffes zu einer List. Er umrundete ein auf Reede liegendes Handelsschiff so, daß er nach Beendigung der Umrundung die Breitseite seines Verfolgers genau vor sich hatte und er den Verfolger mit einem wuchtigen Rammstoß in den Grund bohren konnte. Dadurch wurden die Trierarchen der anderen 19 Schiffe des Brasidas unsicher, die vorderen stoppten, die an der Backbordseite der Formation laufenden gerieten auf Untiefen, und die Gefechtsordnung ging verloren. Diesen Augenblick nutzte Phormio. Er gab das Angriffssignal, so daß die Peloponnesier die Flucht ergriffen, auf der sie sechs Schiffe verloren.

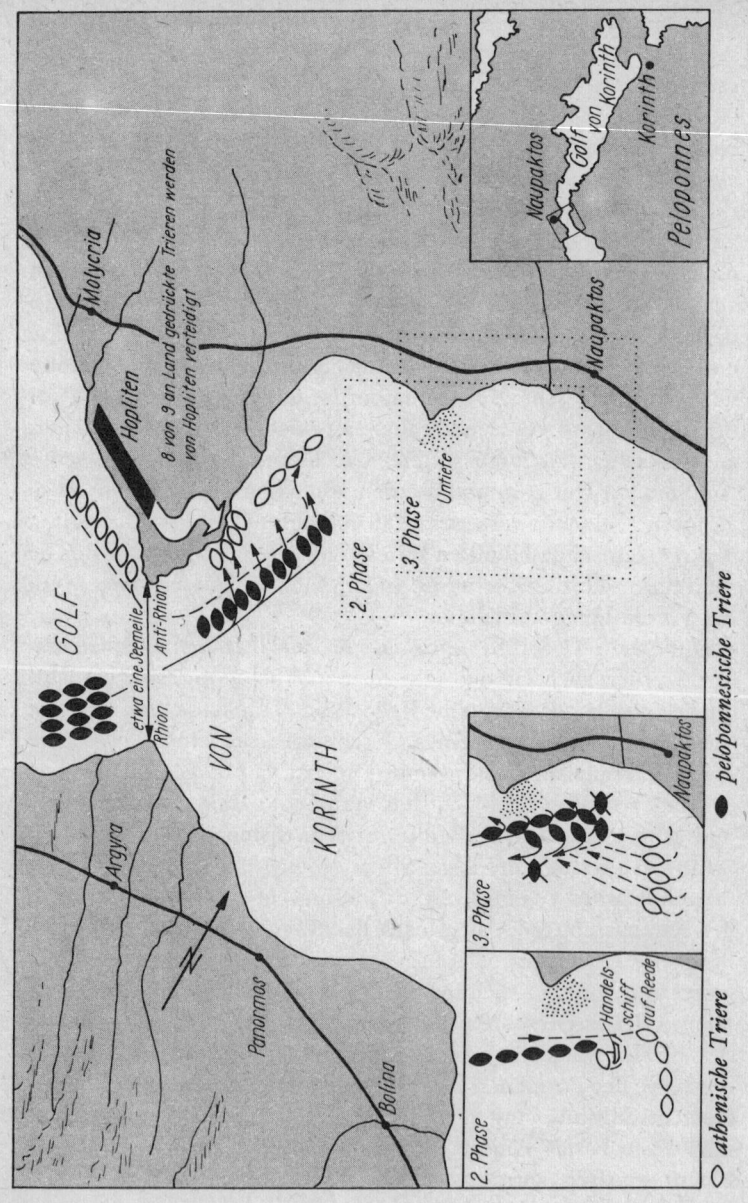

Molycria

Hopliten

8 von 9 an Land gedrückte Trieren werden
von Hopliten verteidigt

GOLF

etwa eine Seemeile

Anti-Rhion

Rhion

Argyra

VON

KORINTH

Panormos

Bolina

N

2. Phase

3. Phase

Untiefe

Naupaktos

2. Phase

Handels-
schiff
auf Reede

3. Phase

Naupaktos

Naupaktos

Golf von Korinth

Korinth

Peloponnes

◇ athenische Triere

● peloponnesische Triere

10 Zweites Seegefecht bei Naupaktos (429 v. u. Z.)

Gegenüber den vorangegangenen Seeschlachten und -gefechten, die schriftlich überliefert sind, zeichnen sich wesentliche Unterschiede ab:

1. Brasidas trennte durch seine Schwenkung nach Backbord das Geschwader des Phormio in zwei Teile und schuf sich dadurch günstige Bedingungen für den Einsatz seiner Kräfte, indem er mit zahlenmäßig überlegenen Kräften gegen voneinander isolierte Gruppierungen handeln konnte.

2. Beide Befehlshaber waren nach der Trennung ihrer Geschwader bemüht, die unter ihrem direkten Kommando stehenden Kräfte in einer geordneten Formation zusammenzuhalten und es nicht von vornherein zum Melee kommen zu lassen.

Das zweite Seegefecht bei Naupaktos zeigte trotz bestimmter Mängel die Überlegenheit der Athener, die es verstanden, Fehler ihres Gegners sofort auszunutzen. Ein solcher Fehler war das schlechte Zusammenwirken zwischen den getrennt handelnden Abteilungen des Brasidas. Hätten beide Abteilungen, nachdem die neun Trieren Athens aufgelaufen waren und somit für den weiteren Verlauf des Gefechtes bedeutunglos wurden, konsequent zusammengewirkt, wäre auf der Reede von Naupaktos ein solches Kräfteübergewicht für Brasidas entstanden, dem Phormio sicherlich nur schwer hätte widerstehen können.

Der Seezug der Athener nach Sizilien (415–413 v. u. Z.)

Während des Peloponnesischen Krieges glich die innenpolitische Lage auf Sizilien der Lage in Griechenland. Die durch Griechen gegründeten und bewohnten Städte, von denen Syrakus die reichste und mächtigste war, führten ständig Kriege untereinander. So bekriegten sich im Jahre 416 v. u. Z. die Städte Segesta und Selinus.

Segesta bat Athen um Hilfe. Um dieses Hilfeersuchen entbrannte in Athen eine heiße Diskussion prinzipieller Natur. Nikias (vor 469–413 v. u. Z.), der reichste Bürger Athens, bejahrt, kränklich und vorsichtig, plädierte für die Ablehnung des Hilfeersuchens, um das mit Mühe hergestellte Gleichgewicht in Griechenland nicht zu stören. Alkibiades (um 450–404 v. u. Z.), erst wenig über 30 Jahre alt, aus vornehmer Familie, ohne Skrupel und

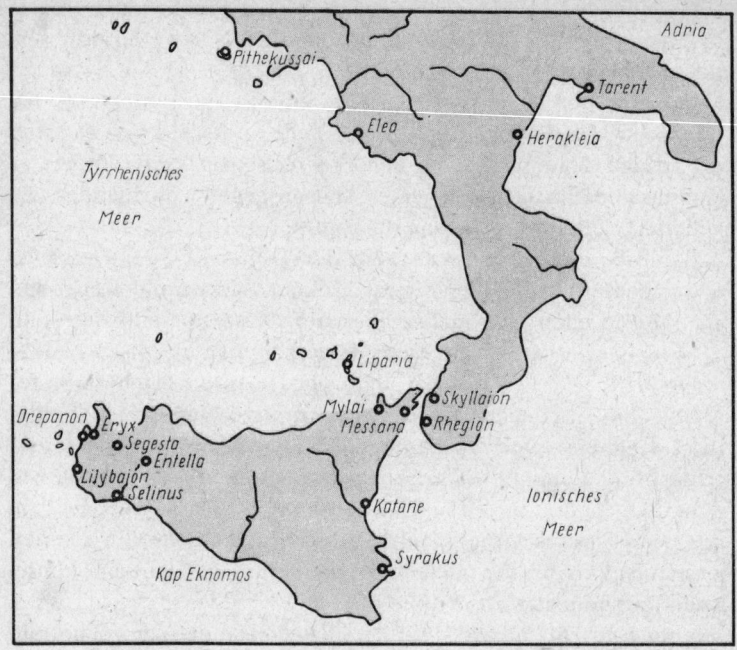

11 *Sizilien und Unteritalien in der Zeit der zweiten Hälfte des 5. Jh. v. u. Z.*

oft bereit, die politischen Fronten zu wechseln, sah in dem Hilfe-ersuchen eine gute Gelegenheit, die Macht des Attisch-Delischen Seebundes bis nach Sizilien auszudehnen, was sich natürlich auf die wirtschaftliche Entwicklung Athens positiv auswirken mußte. Des weiteren hatte Sizilien strategische Bedeutung, da es der Schlüssel zu Italien und Karthago war.

Daß Sparta einer solchen Entwicklung, die auf die weitere Stärkung Athens hinauslief, nicht ruhig zusehen würde, war Nikias klar. Aber die Meinung von Alkibiades setzte sich in der Ekklesia, der Volksversammlung, durch. Die Vorbereitungen für einen Seezug nach Sizilien begannen.

Oft wird dieses Unternehmen als «Seezug der Athener nach Syrakus» bezeichnet. Dadurch werden in unzulässiger Weise der gesamte politische und ökonomische Hintergrund ignoriert, die wahren Absichten verschleiert und alles auf eine rein militärische

Aktion reduziert. Athen ging es nicht in erster Linie um militärischen Ruhm, obwohl dieser zur Festigung der Vormachtstellung im Attisch-Delischen Seebund nötig war. Für Athen spielten vorrangig ökonomische und strategische Interessen eine Rolle. Es ging um Weizen, Vieh und andere Produkte, um die Ausdehnung der Handelsbeziehungen, um Stützpunkte und um die Erweiterung der Seeherrschaft Athens. Alle diese «imperialistischen» Ziele konnten nicht allein durch den Besitz von Syrakus erreicht werden. Dazu mußte Athen die ganze Insel Sizilien beherrschen. Syrakus, die reichste Stadt Siziliens, war lediglich die Tür, durch die Athen eintreten wollte. Deshalb ist die Bezeichnung «Seezug nach Syrakus» falsch und irreführend, da sie die Hintergründe und Triebkräfte dieses Unternehmens unberücksichtigt läßt.

Ein militärisches Unternehmen dieses Ausmaßes hatte Athen noch nicht durchgeführt. Der Gegner war weit und nur auf dem Seeweg zu erreichen. Athen mußte darum eine starke Flotte, die aus Kriegsschiffen und Transportschiffen bestand, ausrüsten. Des weiteren mußten Truppen der Landstreitkräfte überführt werden, da die Flotte allein nicht in der Lage war, den Krieg auf Sizilien erfolgreich zu führen.

In der Mitte des Sommers 415 v. u. Z. lief die aufs beste ausgerüstete Flotte nach Kerkyra ab, um sich dort mit weiteren Kräften zu vereinigen. Insgesamt bestand die Flotte nun aus 134 Trieren, zwei 50-Riemern von Rhodos, 30 Schiffen mit Getreide, 100 sonstigen Transportschiffen und einer großen Anzahl von Handelsschiffen mit Waren aller Art. Das mitgeführte Heer bestand aus 5100 Hopliten, 1300 Leichtbewaffneten und 30 Reitern. Insgesamt umfaßte die Streitmacht Athens mindestens 36 000 Mann: eine für die damalige Zeit imposante Anzahl von Schiffen und Kriegern, die nicht einem, sondern drei Befehlshabern unterstanden: Nikias, Alkibiades und Lamachos. Schon auf der Überfahrt kam es zwischen den Befehlshabern zu ernsten Meinungsverschiedenheiten. Der alte und ängstliche Nikias wollte wegen Geldmangel das Unternehmen abbrechen. Alkibiades hatte die Absicht, bevor es gegen Syrakus ging, unter den anderen Städten auf Sizilien Bundesgenossen zu gewinnen. Lediglich Lamachos wollte sofort die Handlungen gegen Syrakus beginnen, der einzige richtige Entschluß, da die Stadt nicht im entferntesten auf eine Verteidigung eingerichtet war. Da aber Alkibiades sich durchsetzen konnte, begann auf Sizilien die Suche nach Bundesgenossen. Jedoch zeigten die sizilianischen Städte wenig Entgegenkommen, die meisten wollten neutral bleiben. Selbst Katane, der Stützpunkt der Athener, mußte mit Waffengewalt genommen werden.

Nach der Rückkehr von Verhandlungen mit sizilianischen Städten fand Alkibiades im Hafen von Katane das athenische Staatsschiff, die «Salaminia», vor, das den Auftrag hatte, ihn wegen des sogenannten Hermenfrevels – in Athen waren vor Auslaufen der Flotte in Richtung Sizilien Hermen zerstört worden – sofort nach Athen zu bringen. Die Verstümmelung der als heilig geltenden Säulen, worauf die Todesstrafe stand, lasteten die politischen Gegner von Alkibiades ihm und seinen Freunden an. Ob diese Anschuldigung zu Recht oder Unrecht bestand, wurde nie geklärt. Alkibiades war als Stratege abberufen worden und sollte vor Gericht erscheinen. Ihm, dem die Todesstrafe drohte, gelang es, auf der Rückfahrt zu fliehen. Auf der Peloponnes bot er seine Dienste den Spartanern an, die auf seinen Rat hin Syrakus Hilfe leisteten.

Da die weiteren Verhandlungen der Athener auf Sizilien ergebnislos verliefen und sich keine Verbündeten fanden, entschlossen sie sich nun doch, etwas gegen Syrakus zu tun.

Durch eine List wurden die Syrakusaner zu einem Angriff auf das athenische Lager verleitet. Die Athener schifften sich ein, liefen zur Bucht von Syrakus, landeten am rechten Anapusufer und befestigten den hochgelegenen Ort Daskon. Die eilends zurückkehrenden Syrakusaner wurden erfolgreich abgewiesen.

Doch Nikias befahl den Rückzug nach Katane. Als Gründe führte er den bevorstehenden Winter und den Mangel an Reiterei an.

Das Erscheinen der Athener in der Bucht von Syrakus, am Ufer des Anapus und in Daskon hatte die Größe der Gefahr, in der Syrakus schwebte, verdeutlicht. So wurde mit dem Bau von Befestigungsanlagen begonnen und Gesandtschaften mit der Bitte um Unterstützung nach Sparta und Korinth entsandt.

Zwischen Sparta und Athen bestand zu dieser Zeit ein Kompromißfrieden, der auf einem im Frühjahr 421 v. u. Z. nach der

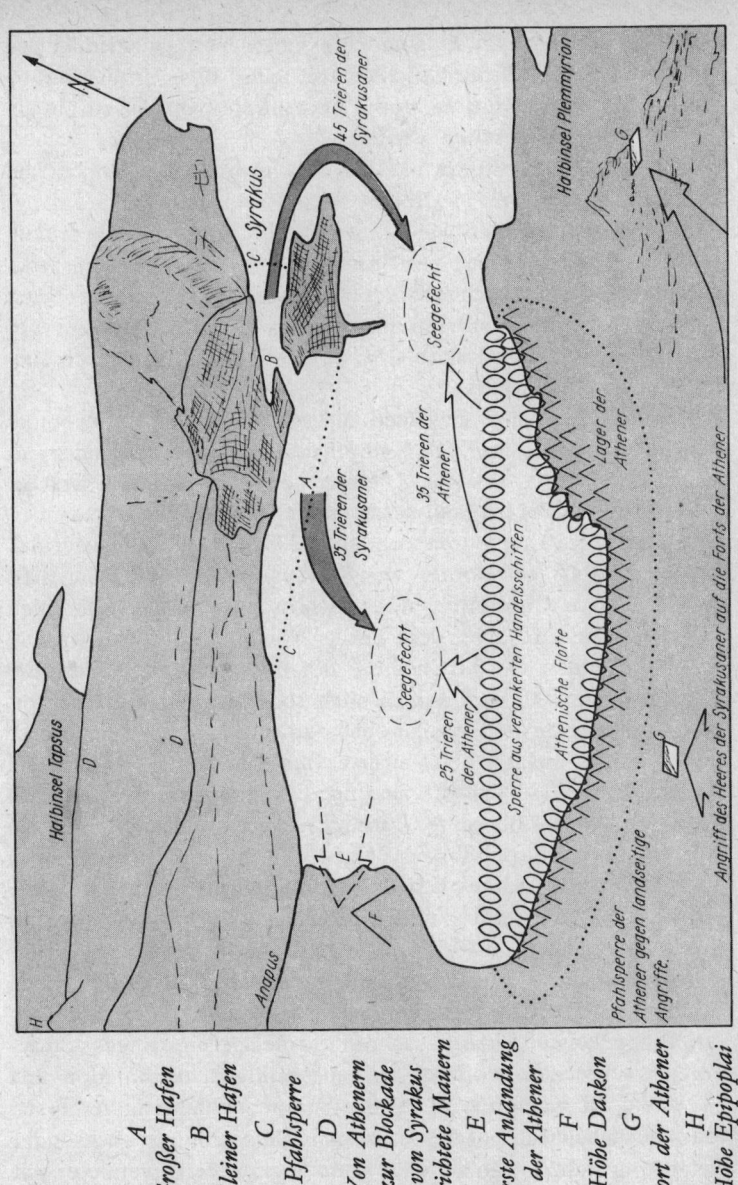

A Großer Hafen
B Kleiner Hafen
C Pfahlsperre
D Von Athenern zur Blockade von Syrakus errichtete Mauern
E Erste Anlandung der Athener
F Höhe Daskon
G Fort der Athener
H Höhe Epipolai

Halbinsel Tapsus

Syrakus
45 Trieren der Syrakusaner
35 Trieren der Syrakusaner
35 Trieren der Athener
25 Trieren der Athener
Seegefecht
Seegefecht
Sperre aus verankerten Handelsschiffen
Athenische Flotte
Lager der Athener
Pfahlsperre der Athener gegen landseitige Angriffe.
Angriff des Heeres der Syrakusaner auf die Forts der Athener.
Halbinsel Plemmyrion
Anapus

12 Erstes Seegefecht bei Syrakus (Juni 413 v. u. Z.)

89

Schlacht von Amphipolis abgeschlossenen Vertrag beruhte und als Nikiasfrieden in die Geschichte einging. Eine Unterstützung von Syrakus durch Sparta mußte demzufolge von Athen als ein Friedensbruch angesehen werden.

Alkibiades, der mittlerweile in Sparta zu Einfluß gelangte, riet, entgegen den Interessen Athens, Syrakus beizustehen und damit den Krieg gegen Athen wieder zu eröffnen, und Sparta beschloß, ein Heer und eine Flotte zur Unterstützung von Syrakus auszurüsten. Doch dazu brauchte Sparta Zeit und Geld. Das Geld erhielt Sparta von den Persern! Vorerst war man nur in der Lage, Gylippus einen fähigen Führer zu schicken, der auf der Fahrt nach Sizilien 2000 Mann anwarb.

Auch die Athener bekamen Verstärkung: 250 Reiter ohne Pferde und 300 Talente. Die Kampfhandlungen lebten wieder auf, und Nikias wagte 414 v. u. Z. einen neuen Angriff auf Syrakus. Diesmal landete er nicht an der alten Stelle, wo er vom syrakusanischen Heer erwartet wurde, sondern 1200 m entfernt von der Anhöhe Epipolai, im Norden von Syrakus. Als die überrumpelten Verteidiger in Unordnung und erschöpft die Höhe erklommen hatten, wurden sie unter dem Verlust von 300 Mann abgewiesen. Sofort begannen die Athener mit der Belagerung der Stadt. Sie bauten einen Wall und unterbanden so die Lebensmittelzufuhr. Alle Maßnahmen der Syrakusaner, den Bau zu verhindern, blieben erfolglos. Lediglich Lamachos konnte in einem Scharmützel getötet werden, so daß die gesamte Führung an den militärisch unfähigen Nikias überging. Dadurch, daß die Flotte Athens, die sich bei der Halbinsel Tapsus befand, die Blockade der Stadt von See aus vervollständigte, begann sich die Lage für die Verteidiger von Syrakus zusehends zu verschlechtern, sie wurde sogar verzweifelt. In dieser Situation begannen Übergabeverhandlungen.

Während der Übergabeverhandlungen traf Gylippus mit den etwa 2000 Mann, die er unterwegs geworben hatte, auf Sizilien ein. Ihm gelang es, einen Abschnitt des Belagerungsringes von außen aufzubrechen, wodurch sich die militärische Situation und vor allem die Kampfmoral der Syrakusaner schlagartig verbesserten. Die Belagerten begannen mit Ausfällen, die mit wachsender Erfahrung immer erfolgreicher wurden. Das Blatt wendete sich, und Nikias, der sich seinem Ziel so nahe geglaubt hatte, begriff, daß Syrakus zu Lande nicht zu schlagen war. Er bat in Athen um seine Abberufung und um Verstärkung. Ersteres wurde abgelehnt, dafür zwei «Mitfeldherren», Eurymedon und Demosthenes, ernannt. Athen schickte im Winter 414/413 v. u. Z. Eurymedon mit 10 Schiffen und 120 Talenten zur Verstärkung nach Syrakus. Gleichzeitig lief ein aus 20 Schiffen bestehendes Geschwader nach Naupaktos aus, um die Seetransporte auf den Seeverbindungswegen der Spartaner zwischen dem Golf von Korinth und Syrakus zu stören.

Im Frühjahr 413 v. u. Z. stach eine Flotte, bestehend aus 65 Schiffen mit 1 200 Hopliten an Bord, unter dem Befehl von Demosthenes nach Syrakus in See. Vorher sollte Demosthenes im Zusammenwirken mit einer anderen Flotte die Küste des Peloponnes verwüsten. So unterschätzte man in Athen die Situation auf Sizilien.

Unterdessen entwickelte sich die Lage auf Attika für Athen ebenfalls sehr ungünstig. Die Spartaner fielen im Frühjahr 413 v. u. Z. in Attika ein und besetzten Dekeleia, wodurch die Verbindung zwischen Athen und seiner Kornkammer, der Insel Euböa, unterbrochen wurde. Ein schwerer Schlag für Athen, der seine Führer veranlaßte, mehr an die Heimatstadt als an das Expeditionskorps auf Sizilien zu denken.

Nikias entschloß sich indessen, aus einem Landkrieg einen Seekrieg zu machen, und meinte, mit seiner Flotte Syrakus schlagen zu können. Also wurde die Flotte in die Bucht westlich der Halbinsel Plemmyrion verlegt, seeseitig durch verankerte Handelsschiffe und landseitig durch Pfahlreihen geschützt. Über den Durchfahrten zwischen den Handelsschiffen wurden Schlagbäume montiert, an deren Enden sich schwere Bleigewichte befanden, die durchfahrende feindliche Schiffe zerschlagen sollten. Die eigenen Schiffe wurden entgegen den sonst üblichen Gepflogenheiten nicht auf den Strand gezogen, um im Falle eines plötzlichen Angriffes schnellstens zur Verteidigung bereit zu sein. Die Schiffsbesatzungen wohnten an Land. Um die Einfahrt in die Bucht ebenfalls zu sichern, wurde die Halbinsel Plemmyrion mit drei Forts, in denen sich neben der Kriegskasse auch die Verpflegung und die Takelage von 40 Trieren befand, bestückt.

Der neue Stützpunkt der Flotte hatte zwar viele Vorteile, aber auch einen entscheidenden Nachteil. Es fehlte an Wasser und Holz, was herangebracht werden mußte. Diesen Umstand machten sich die Syrakusaner zunutze, indem sie die Wasser bzw. Holz beschaffenden Abteilungen regelmäßig überfielen und somit für den Verlust vieler Seeoffiziere und Matrosen sorgten.

Gylippus, der den Plan des Nikias durchschaut hatte, betrieb eifrig den Aufbau einer syrakusanischen Flotte. In einer Entfernung von maximal 3 km von den Athenern, also in ihrer Sichtweite, ließ er im großen und kleinen Hafen von Syrakus Werften anlegen und begann mit dem Bau neuer Schiffe sowie mit der Ausbildung der Besatzungen. Die Hafenanlagen wurden mit ähnlichen Pfahlsperren wie die der athenischen Flotte gesichert.

Im Juni 413 v. u. Z. waren die Verteidiger von Syrakus bereit zum Angriff auf den Angreifer, der mit dem größten Geschwader, das Athen je aufgestellt hatte, die Stadt erobern wollte. Nachts begab sich Gylippus mit dem Heer unentdeckt auf die Halbinsel Plemmyrion, und am folgenden Morgen liefen aus dem kleinen Hafen 45 Trieren und aus dem großen Hafen 35 Trieren aus. Sie nahmen Kurs auf die Schiffssperre der Athener. Das Auslaufen der Schiffe wurde aber von diesen rechtzeitig bemerkt, und sie konnten in aller Eile 35 Trieren gegen die aus dem kleinen Hafen auslaufenden und 25 gegen die aus dem großen Hafen auslaufenden Schiffe aufbieten, also jeweils 10 weniger. Erstere trafen in der Einfahrt der Bucht aufeinander, während letztere mitten in der Bucht mit dem Gefecht begannen. Das sich entwickelnde Seegefecht war vom Ufer von den athenischen Kriegern gut zu beobachten. Sie vernachlässigten darüber jede Wachsamkeit. So hatte es Gylippus nicht schwer, alle Forts zu besetzen. Dabei fielen ihm die Kriegskasse sowie große Mengen an Verpflegung und Ausrüstung in die Hände. Die kämpfenden Geschwader verfolgten natürlich auch die Entwicklung an Land, und als die Athener die Niederlage ihrer Truppen bemerkten, zog sich das in der Einfahrt zur Bucht kämpfende Geschwader zurück.

Nun mit dem Erfolg ihrer Flotte rechnend, begannen die Syrakusaner eine hitzige Verfolgung und gerieten dabei total in Unordnung. Dieser Umstand wurde von den erfahrenen Athenern sofort genutzt. Sie bohrten mehrere gegnerische Trieren in den Grund, den Rest trieben sie in die Flucht. Trotz des Sieges ihrer

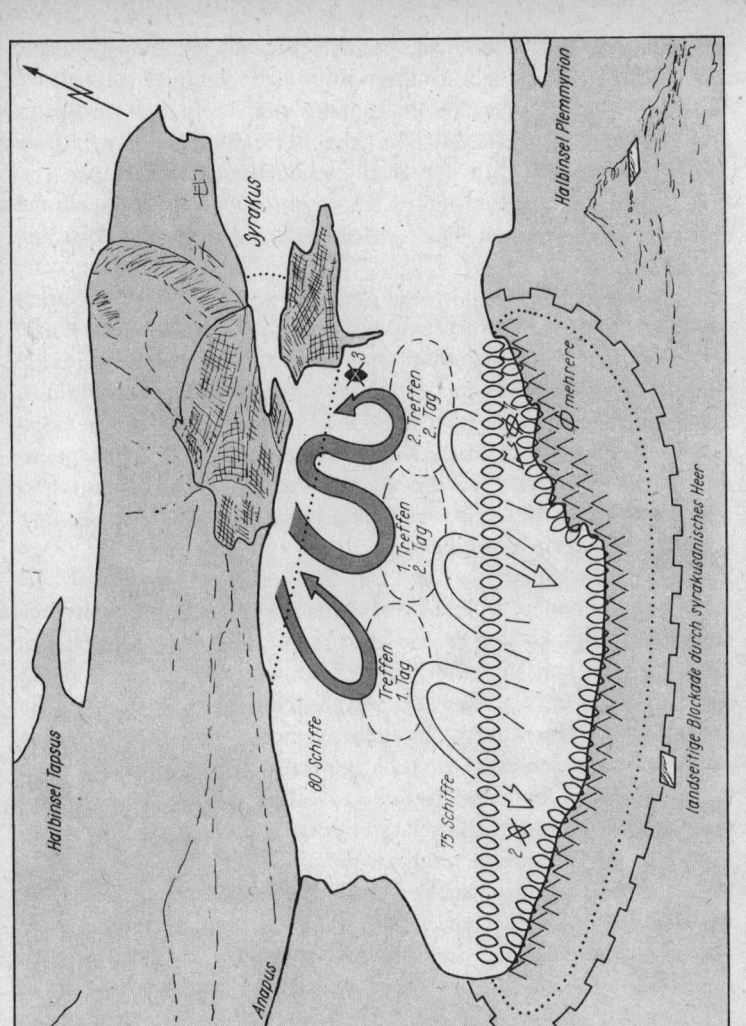

13 Zweites Seegefecht bei Syrakus (Juli 413 v. u. Z.)

Halbinsel Tapsus

Anapus

Syrakus

Halbinsel Plemmyrion

80 Schiffe

175 Schiffe

Treffen 1. Tag

1. Treffen 2. Tag

2. Treffen 2. Tag

∅ mehrere

landseitige Blockade durch syrakusanisches Heer

Flotte war die Lage der Athener schlechter als vor dem Gefecht, da sich die Landlage sehr zu ihren ungunsten verändert hatte und beide Ufer der 1040 m breiten Einfahrt der Bucht sich im Besitz der Syrakusaner befanden. Die athenische Flotte war gefangen wie in einem Käfig. In der Bucht versuchten die Athener, die Pfahlsperre der Syrakusaner zu zerstören, um an die gegnerische Flotte heranzukommen. Dies gelang ihnen trotz großer Anstrengungen nicht.

Syrakus hatte die Seeherrschaft errungen und nutzte diese auch gleich aus, indem es seine Handlungen bis nach Italien ausdehnte. Dadurch gelang es, eine athenische Transportflotte abzufangen.

Unterdessen verwüstete der von den Athenern mit Ungeduld in der Bucht von Syrakus erwartete Demosthenes weiterhin befehlsgemäß die peloponnesische Küste, so daß die Syrakusaner genügend Zeit hatten, sich auf ein neues Gefecht mit der athenischen Flotte vorzubereiten. Als technische Neuerung versahen sie ihre Schiffe mit einer Art Stoßbalken, der am verstärkten Bug über den Rammsporn angebracht wurde. Der Einsatz dieses Stoßbalkens erforderte eine andere Taktik. Mußte man früher die Breitseite des Gegners treffen, so kam es jetzt darauf an, den Bug zu treffen, um ihn einzudrücken. In einer Bucht, deren größte Breite 1900 m nicht überschritt, war dies ein wesentlicher Vorteil, da man die gegnerische Dwarslinie nicht mehr aufzubrechen brauchte, was auch ohnehin schlecht möglich gewesen wäre. Zum anderen konnte Syrakus jetzt den Gegner aus allen Kurswinkeln angreifen, um ihm zumindest Beschädigungen beizubringen.

So vorbereitet, versuchten die Syrakusaner, die Athener zur Schlacht herauszufordern. Verständlicherweise hatten diese aber vor der Ankunft des Demosthenes kein Interesse daran. Als sie aber Tag für Tag durch die Syrakusaner gereizt wurden, verloren sie die Beherrschung und stellten sich zum Gefecht.

Diesmal standen sich 80 syrakusanische und 75 athenische Schiffe gegenüber. Es kam aber nur zu kleinen Plänkeleien, in deren Verlauf die Athener zwei Schiffe verloren. Am nächsten Tag wurde das Gefecht fortgesetzt. Als es wieder nur in eine Plänkelei ausartete, liefen die Syrakusaner ab und aßen das an Land bereits vorbereitete Mittagessen. Die Athener hingegen begannen an Land, nach altgewohnter Manier, mit der Zubereitung ihres Essens. Die Syrakusaner beendeten ihr Mittagessen natürlich wesentlich früher, waren dadurch eher gefechtsbereit, rückten in geschlossener Formation gegen die athenische Flotte vor, und den verblüfften Athenern blieb nichts weiter übrig, als ihnen überhastet entgegenzufahren.

Daß sie dabei ihre Gefechtsordnung nicht mehr herstellen konnten, ist nicht verwunderlich. So wurden ihnen sieben Schiffe in den Grund gebohrt und viele durch die Stoßbalken beschädigt. Da die syrakusanischen Schützen leichte Beute fanden, waren die Verluste an Menschen ebenfalls sehr erheblich. Der Verlust der syrakusanischen Flotte betrug lediglich drei Schiffe.

Damit war Athen erstmals auf dem Wasser geschlagen. Syrakus beherrschte nun nicht nur beide Seiten der Einfahrt zur Bucht, sondern durch seine Flotte auch die Einfahrt selbst. Hatte es nach dem ersten Gefecht noch die Möglichkeit zum Ausbruch gegeben, so waren die Athener jetzt total eingeschlossen.

In dieser hoffnungslosen Situation erschien Demosthenes wie der rettende Engel. Er brachte 80 Trieren, 5000 Hopliten und eine große Transportflotte mit Geld, Waffen und Vorräten mit. Der moralische Eindruck, den seine Streitmacht auf beiden Seiten hinterließ, war sehr groß, und er war schlau genug, ihn sofort auszunutzen. Vorübergehend verbesserte sich die Situation der Athener, aber eine von ihnen durchgeführte nächtliche Landaktion im Juli 413 v. u. Z. endete mit einer Katastrophe. 2500 Tote waren zu beklagen. Demosthenes erkannte, daß in Syrakus kein Sieg errungen werden konnte, und schlug vor, sofort in die Heimat oder wenigstens nach Katane abzulaufen. Dabei wurde er von Eurymedon unterstützt. Lediglich Nikias, aus Furcht vor der Strafe – ihm drohte in Athen aufgrund der mißlungenen Aktion die Todesstrafe –, sträubte sich.

Inzwischen hatte der unermüdliche Gylippus weitere Verstärkung herangeführt und bereitete sich auf einen neuen Angriff vor. Angesichts dieser Vorbereitungen und des immer mehr um sich greifenden Sumpffiebers bereiteten Demosthenes und Eurymedon ohne die Zustimmung des Nikias das Auslaufen vor. Als nun endlich alles seeklar war, trat am Abend des 27. August 413 v. u. Z. eine totale Mondfinsternis ein. Sie versetzte die abergläubischen Griechen in großen Schrecken, der von Nikias zur

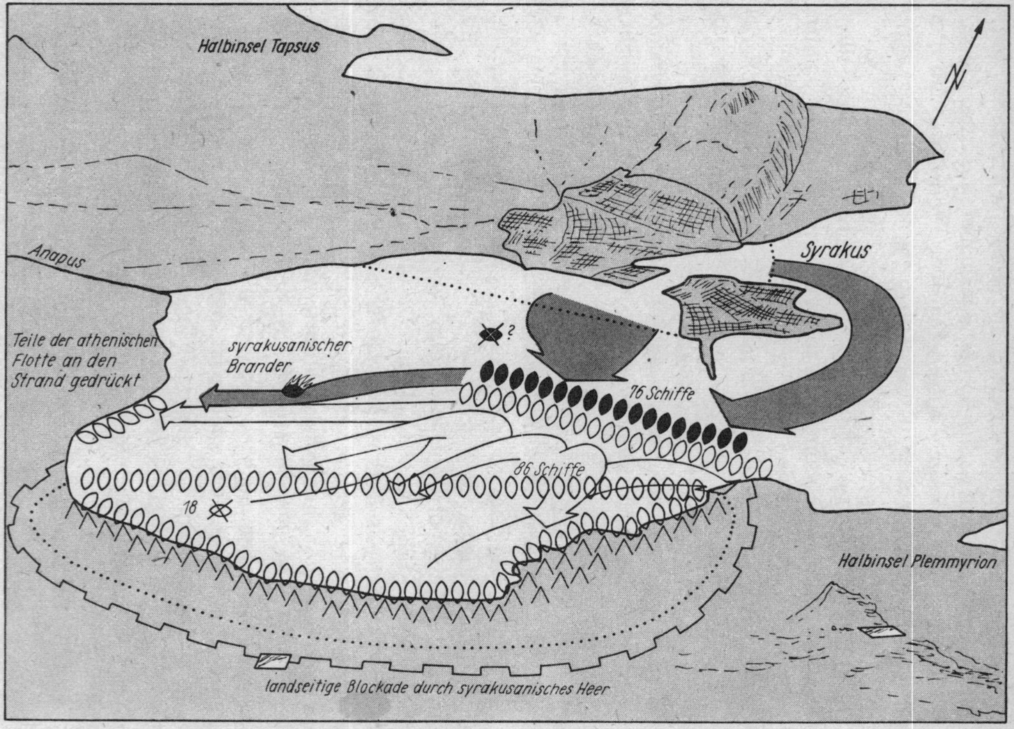

14 Drittes Seegefecht bei Syrakus (August 413 v. u. Z.)

Halbinsel Plemmyrion

Syrakus

Halbinsel Tapsus

Anapus

landseitige Blockade durch syrakusanisches Heer

76 Schiffe

86 Schiffe

syrakusanischer Brander

Teile der athenischen Flotte an den Strand gedrückt

Homer, Marmor   Herodot, Marmor
Alkibiades, Büste   Perikles, Marmor

«Binden» eines ägyptischen Schiffes

Schiffsmodell aus der Zeit des Pharao Tut-ench-Amun, 14. Jh. v. u. Z.

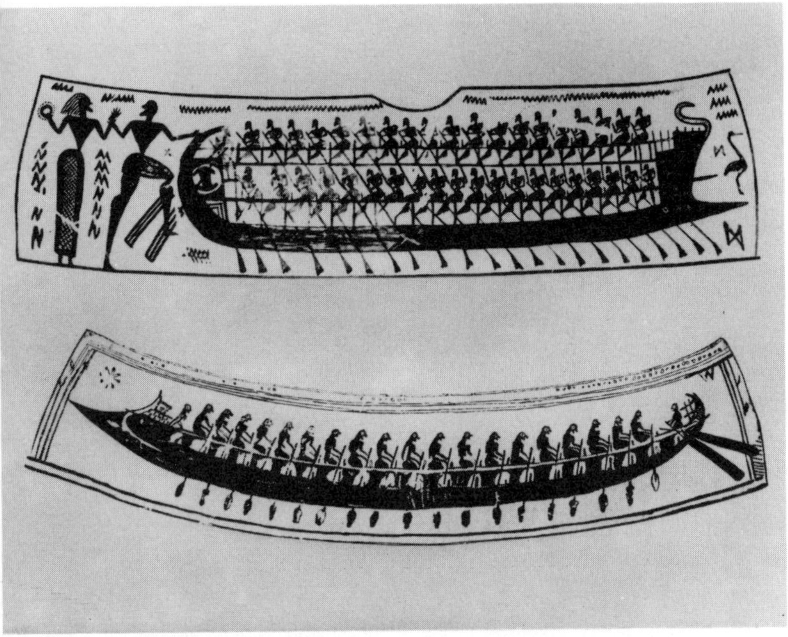

Darstellung von Kriegsschiffen auf geometrischen Vasen

Ägyptisches Nilboot

Die Flotte des Königs Sahure

*Darstellung eines Kriegsschiffes unter Segel
auf einer schwarzfigurigen Vase des 6. Jh v. u. Z.*

*Darstellung eines Handelsschiffes
auf einer schwarzfigurigen Vase*

*Ägyptische Ruderschiffe aus dem Grab des Ti
(2480–2350 v. u. Z.) bei Sakkara*

Römische Münzen, auf denen Rammsporne dargestellt sind

*Ägyptische Ruderschiffe aus dem Grab des Ti
(2480–2350 v. u. Z.) bei Sakkara*

Römische Münzen, auf denen Rammsporne dargestellt sind

*Darstellung eines Kriegsschiffes unter Segel
auf einer schwarzfigurigen Vase des 6. Jh v. u. Z.*

*Darstellung eines Handelsschiffes
auf einer schwarzfigurigen Vase*

Die mit den Proren von Kriegsschiffen und Ankern verzierte
columna rostrata des Siegers von Mylae, Gaius Duilius (260 v. u. Z.)

Odysseus und die Sirenen. Griechisches Bild auf einem paestanischen rotfigurigen Glockenkrater (um 330 v. u. Z.). Das Schiff des Odysseus hat allerdings mit hoher Wahrscheinlichkeit nicht so ausgesehen.

Themistokles, Büste
Marcus Vipsanius Agrippa, Marmor   *Gnaeus Pompeius Magnus, Marmor*

*Teilansicht eines römischen Kriegsschiffes. Vor dem Kampfturm befindet
sich ein Spierenmast für das Vorsegel (Relief Ende 1. Jh v. u. Z.)*

*Römische Transportschiffe im Hafen. Das rechte Schiff hat bereits
festgemacht und mit dem Löschen der Ladung begonnen. Das linke Schiff
passiert den Leuchtturm und läuft ein.
Die Opferszene auf seinem Deckshaus sowie Siegesgöttinnen
symbolisieren den Sieg des Menschen über das Meer.
(Flachrelief des Portus Traianus zu Ostia um 200 u. Z.)*

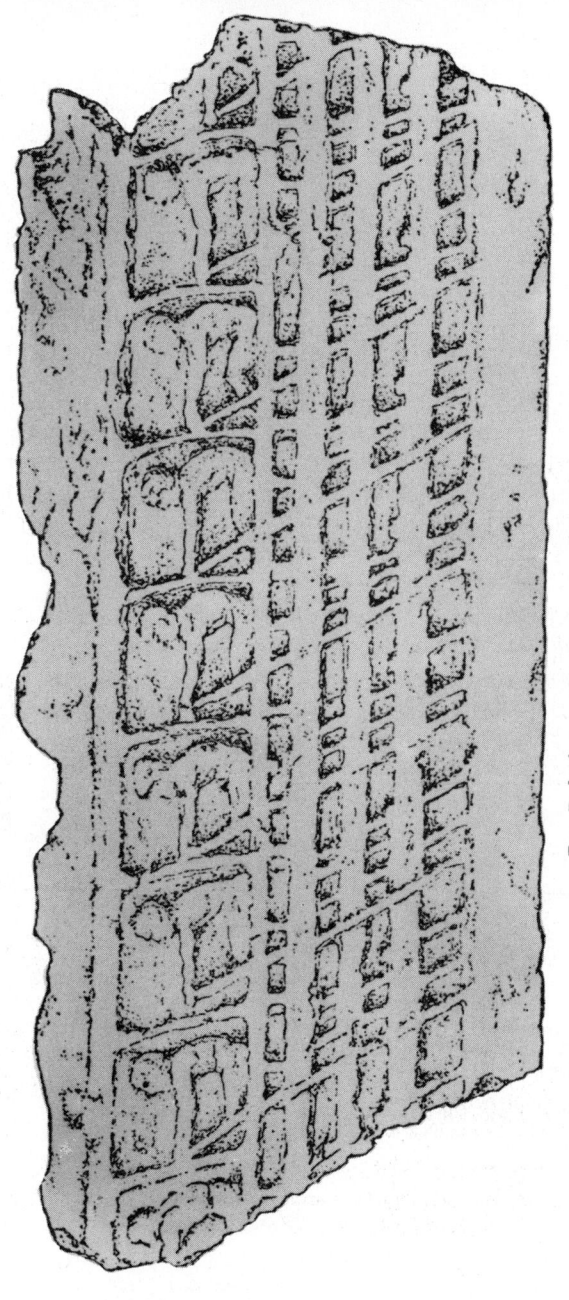

Bas-Relief einer Triere, das von Lenormant 1852
auf der Akropolis von Athen entdeckt wurde

Marcus Aemilius Lepidus, Marmor
Kleopatra, Marmor

Gaius Iulius Caesar, Marmor
Marcus Antonius, Marmor

Verschiebung des Auslaufens der Flotte um drei mal neun Tage genutzt wurde. Damit war für die gesamte Streitmacht das Todesurteil gesprochen. Von dieser sinnlosen Verschiebung erfuhren die Syrakusaner, und sie bereiteten daraufhin einen neuen Angriff vor. Am 29. (?) August 413 v. u. Z. griffen sie mit 76 Schiffen 86 Schiffe der Flotte Athens an. Dabei gerieten gleich zu Beginn des Gefechts sieben athenische Schiffe auf eine Untiefe und gingen verloren.

Dieser Verlust machte auf den verbliebenen Teil der Flotte einen so deprimierenden Eindruck, daß er sich zu einer heillosen Flucht wendete. In dem Durcheinander gelang es nicht allen Schiffen, sich hinter die Sperre in Sicherheit zu bringen. Ein großer Teil der Schiffe wurde an den Strand, nordwestlich der Sperre, gedrückt. Ein Angriff der Landstreitkräfte von Syrakus auf sie schlug aber fehl, so daß sich die Syrakusaner entschlossen, auf diese durch nichts gedeckten Schiffe der Athener einen Brander treiben zu lassen. Die geschickten Athener konnten ihn aber abfangen. Diese Episode hatte schon keinen Einfluß mehr auf den Ausgang des Gefechts. Athen verlor 18 Schiffe und 2000 Mann. Damit wurde es zum zweiten Mal auf dem Wasser geschlagen, aber es war das erste Mal, daß es dabei einem zahlenmäßig schwächeren Gegner unterlag.

Syrakus behielt weiterhin die Initiative und begann mit der vollständigen Sperrung der Einfahrt zur Bucht. Sicher verankerte Trieren, Handelsschiffe und Boote wurden so untereinander mit Ketten und Laufplanken verbunden, daß der Verkehr zwischen den Blockschiffen möglich war. Innerhalb von drei Tagen war ohne den Widerstand der Athener die erste bekannt gewordene, aus Schiffen bestehende Hafensperre errichtet worden.

Jetzt, als es viel zu spät war, entschloß sich Nikias zum Ausbruch. Die Schiffe sollten den Durchbruch erzwingen; gelang das nicht, wollte man den Abmarsch zu Lande antreten. Zur Verwirklichung dieses Planes standen fast 200 Trieren bereit, von denen aber nur 110 besetzt werden konnten, da für die restlichen die Riemen fehlten. In aller Eile wurde der Bug dieser Schiffe zur Abwehr der gegnerischen Stoßbalken verstärkt und neuartige eiserne Enterhaken an den eigenen Trieren angebracht, die die feindlichen Schiffe nach dem Rammen festhalten sollten. Ein richtiger

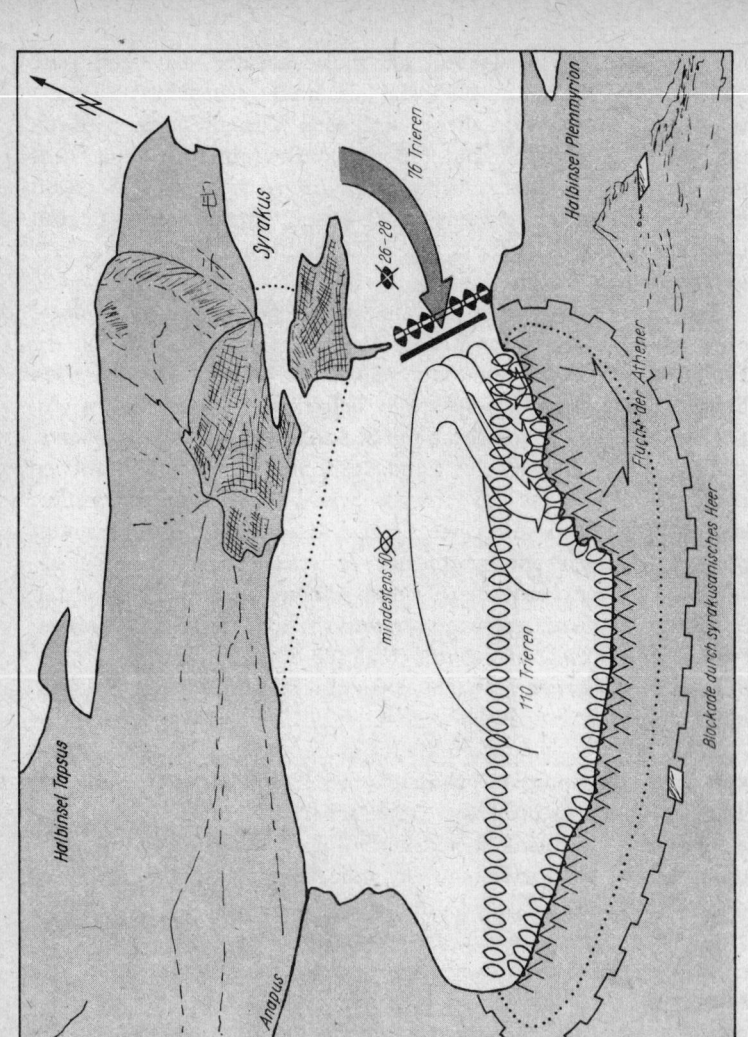

15 Viertes Seegefecht bei Syrakus (September (?) 413 v. u. Z.)

Entschluß, denn es war klar, daß es in diesen engen Gewässern zum Enterkampf kommen würde.

Syrakus konnte dieser Flotte 76 Trieren und eine große Anzahl kleinerer, zum Kampf brauchbarer Schiffe entgegenstellen. Da man von den neuartigen Enterhaken erfahren hatte, überzog man die gefährdetsten Stellen der Schiffe mit Tierhäuten, um die Enterhaken abgleiten zu lassen.

Alle Schiffe von Syrakus stellten sich vor der Sperre auf und erwarteten in einer langgezogenen Dwarslinie die Athener. 110 athenische Schiffe bewegten sich mit Höchstfahrt auf diese Linie zu, die den wuchtigen Aufprall natürlich nicht auffangen konnte. Aber die sich im Rücken befindende Sperre hielt.

In der Bucht kam es zwischen den etwa 200 Schiffen zu einem wütenden Kampf. Als sich die ersten athenischen Schiffe zur Flucht wandten, schlossen sich ihnen nach und nach die anderen an, bis es zur regellosen Flucht kam. Man versuchte gar nicht mehr, die eigene Schiffssperre zu erreichen, sondern setzte die Fahrzeuge auf Grund. Zum dritten Mal in kurzer Zeit war die Flotte Athens geschlagen worden. Diesmal verlor sie mindestens 50 Schiffe, Syrakus hingegen nur 26 bis 28 Schiffe.

Die Athener beschlossen, die Flotte aufzugeben und den Ausbruch zu Lande zu wagen. Vorher wollte man alle Schiffe und Vorräte vernichten. Aber wiederum zauderten sie mit der Ausführung dieses Vorhabens. Endlich – drei Tage nach dem letzten Seegefecht waren vergangen – begann der Abmarsch, ohne vorher alles vernichtet zu haben. So fielen Syrakus noch 50 Trieren der Athener in die Hände.

Gylippus hatte genügend Zeit gehabt, Vorbereitungen zur Verhinderung des zu erwartenden Ausbruchversuchs der Athener zu treffen, so daß ein Entkommen unmöglich war. Die ausgemergelten und vom Hunger gekennzeichneten Reste der einst so stolzen Streitmacht Athens gerieten in Gefangenschaft. Alle Nichtathener verkaufte man als Sklaven. Die Athener und die Sizilianer, die an ihrer Seite gekämpft hatten, mußten unter harten Bedingungen in Steinbrüchen arbeiten, wo viele umkamen. Nikias und Demosthenes wurden hingerichtet.

Damit endete der Seezug der Athener nach Sizilien mit der vollständigen Vernichtung des stärksten Expeditionskorps, das

Athen jemals ausgerüstet hatte. Der Verlust von Tausenden von Menschen und etwa 300 Trieren war zu beklagen.

Die wichtigsten Gründe für das Scheitern des Seezuges der Athener nach Sizilien sind folgende:

1. Die ökonomischen und militärischen Potenzen Athens reichten nicht aus, um in Attika und auf Sizilien gleichzeitig militärische Aktionen größeren Ausmaßes durchzuführen.

2. Die Kampfhandlungen wurden von den Athenern ohne Initiative geführt. Als man sie noch hatte, nutzte man sie nicht und vergeudete die Zeit mit der Suche nach Bündnispartnern, und als sie der Gegner besaß, unternahm man keine Anstrengungen, sie wiederzuerringen. So kamen die ersten drei Seegefechte auf Initiative der Syrakusaner zustande, und auch das vierte Seegefecht wurde von seiten der Athener nicht mit dem Ziel geführt, die Initiative wiederzugewinnen, sondern lediglich, um die eigene Haut zu retten. Insgesamt war der Seezug zwar sorgfältig vorbereitet, aber nur halbherzig durchgeführt worden.

3. Die Übertragung des Kommandos an drei gleichberechtigte Befehlshaber war eine Verletzung des Prinzips der Einzelleitung, die in der Antike üblich gewesen war. Von den drei Befehlshabern hatte der Unfähigste den meisten Einfluß, und als dieser selbst um seine Abberufung nachsuchte, da er sich seiner Aufgabe nicht gewachsen fühlte, beließ man ihn doch auf seinem Posten. Entschlossene und initiativreiche Befehlshaber wie Alkibiades oder Demosthenes wurden entweder zurückberufen oder zu spät entsandt. Was ein fähiger Befehlshaber vermochte, zeigte Gylippus auf der Gegenseite.

4. Das Zusammenwirken zwischen Heer und Flotte wurde bei den Athenern, zumindest aus heutiger Sicht betrachtet, entweder überhaupt nicht oder nur sehr mangelhaft organisiert. Beide Teilstreitkräfte führten ihre Aktionen im wesentlichen isoliert und unabhängig voneinander durch. Demgegenüber wurden auf syrakusanischer Seite eine Reihe von Kampfhandlungen durchgeführt, in denen die Syrakusaner, wie durch das erste und dritte Seegefecht bewiesen, das Zusammenwirken praktizierten. Mag es auch nicht in jedem Falle erfolgreich gewesen sein, so trug es doch in letzter Konsequenz nicht unwesentlich zur Abwehr der athenischen Aggression bei.

5. Alle anderen Gründe für die Niederlage Athens, wie Gewinnsucht der Kommandeure, taktische Fehler und andere, hatten nicht solche Auswirkungen wie die vorher genannten.

Die Seegefechte bei Syrakus führten aufgrund der beengten Manövriermöglichkeiten zu einer Reihe von Neuerungen in Ausrüstung und Bewaffnung, was sich in gewissem Maße auf die Taktik auswirkte:

1. Der Stoßbalken, schon im Frühjahr 413 v. u. Z. von den Korinthern in einem Scharmützel mit den Athenern bei Naupaktos eingesetzt, erlangte unter den spezifischen Bedingungen der Bucht von Syrakus eine gewisse Bedeutung. Auf die Umfahrt – Voraussetzung für den Rammstoß in die Breitseite des Gegners –, die in diesem engen Gewässer nur schwer zu verwirklichen war, konnte durch den Stoßbalken, der auf den Bug des Gegners gerichtet wurde, verzichtet werden. Der Gegner wurde direkt von vorn angegriffen. Durch den kombinierten Einsatz von Rammsporn und Stoßbalken war es möglich, das feindliche Schiff in allen seinen Kurswinkeln zumindest zu beschädigen. Um den Stoßbalken anbringen zu können, mußte das Vorschiff verstärkt werden, womit der Beginn der Vergrößerung und Verstärkung der Schiffe markiert wurde. Die Vergrößerung und die Verstärkung wurden auch durch die wuchtigeren Rammstöße, die die kleinen und leichten Schiffe nicht mehr abfangen konnten, zur zwingenden Notwendigkeit. Damit hatte man das Prinzip, nur schnelle Schiffe zu bauen, durchbrochen.

2. Der bereits bekannte Enterhaken kam ebenfalls erst in der Bucht von Syrakus voll zur Geltung. Da die Athener in der Enge dieser Bucht ihre überlegene Erfahrung beim Rammen nicht ausspielen konnten, ging man in steigendem Maße zum Enterkampf über. Um ihn zu erleichtern, wurde die Einführung von Enterhaken notwendig, die als Vorläufer der römischen Enterbrücke angesehen werden können.

3. Die von Syrakus zum Schutz seiner Werften angelegten, teilweise unter Wasser befindlichen Pfahlsperren hielten den Gegner auf Distanz. Sie wurden zum ersten Mal in der uns bekannten Seekriegsgeschichte eingesetzt. Da sie sehr haltbar und zweckmäßig waren, bemühten sich die Athener vergeblich, sie zu zerstören bzw. zu überwinden.

4. Die von den Athenern zur Sicherung ihrer Schiffe angelegte Schiffssperre, hinter die sich die athenischen Schiffe nach jedem Gefecht zurückzogen, war ebenfalls eine Neuerung und konnte von den Syrakusanern nicht überwunden werden.

5. Krönung all dieser neuen Sperrsysteme ist die erste uns bekannte Hafensperre der Syrakusaner. Selbst als die athenische Flotte mit voller Fahrt auffuhr, konnte sie ihre Aufgabe noch erfüllen.

6. Es wurden Brander angewendet, was allerdings zu keinem Erfolg führte. Dies zeigte aber, wie die spezifischen Bedingungen des «Stellungskrieges» in der Bucht von Syrakus zur Einführung neuer Technik und Kampfmittel zwang.

7. Syrakus brachte eine Art schwimmende Batterie zum Einsatz. Hierbei handelte es sich wahrscheinlich um ein größeres Handelsschiff, das mit Wurf- oder Schleudermaschinen ausgerüstet war.

Die maritimen Aktivitäten
bis zum Ende des Peloponnesischen Krieges

Die Niederlage der athenischen Flotte bei Syrakus untergrub das Ansehen Athens bei seinen Verbündeten empfindlich. Der Attisch-Delische Seebund zerfiel nach und nach. Die erlittenen Verluste in der eigenen Bürgerschaft waren unersetzlich. In Athen, in dessen Mauern sich die Bevölkerung Attikas schutzsuchend aufhielt, wuchs die Unzufriedenheit. Die ökonomischen Probleme wurden immer größer. So ging mit Euböa die Kornkammer Athens verloren, und die Getreidezufuhr aus dem Schwarzen Meer konnte ebenfalls nicht mehr sichergestellt werden. Die Folge war sich immer mehr ausbreitender Hunger in der übervölkerten Stadt. Die Silberförderung in Laurion mußte ebenfalls nahezu eingestellt werden. Engels schätzte ein: «Nach dem vollständigen Zusammenbruch dieses militärischen Unternehmens war Athen ebenso erschöpft wie Frankreich nach dem russischen Feldzug von 1812.»

Die innere politische Situation war durch Machtkämpfe zwischen den Oligarchen und den Demokraten gekennzeichnet, wobei die Demokraten letztlich die Überhand behielten. Alkibiades, vorübergehend bei den Persern, hatte es mit Sparta verdorben, trat nun wieder auf die Seite Athens und wurde sogar zum Strategen gewählt. Im Mai 410 v. u. Z. schlug er die durch persische Unterstützung getragene spartanische Flotte bei Kyzikos.

Weitere Erfolge Athens führten dazu, daß Sparta bereit war, auf der Grundlage des Status quo Frieden zu schließen. Da es aber immer größere Unterstützung von Persien erhielt, erstarkte es schnell wieder, so daß die Flotte ohne Schwierigkeiten erweitert werden konnte. In der Seekriegführung hatte Sparta von Athen gelernt, verfügte mittlerweile über einen eigenen Erfahrungsschatz und war unter Lysandros zu einem durchaus ernst zu nehmenden Gegner geworden.

Im Frühjahr 407 v. u. Z. kam es am Vorgebirge Notion zu einem weiteren Zusammentreffen beider Flotten. Die athenische Flotte befehligte Alkibiades und die spartanische Lysandros. Die spartanische Flotte befand sich mit etwa 90 Trieren unweit von Ephesos. Als Alkibiades mit seinen 100 Trieren die Schlacht suchte, wich Lysandros zunächst aus. Es kam erst zum Gefecht, als sich Alkibiades aus heute unklaren Gründen von seiner Flotte entfernte. Sein Unterführer Antiochus ließ sich auf ein von Lysandros provoziertes Gefecht ein, das der erfahrenere Spartaner gewann. Als Alkibiades zur Flotte zurückkehrte, bot er Lysandros ein Revanchetreffen an, das aber abgelehnt wurde. Diese Niederlage von Alkibiades gab Anlaß zu erneuten Verdächtigungen in Athen. Alkibiades wurde seines Amtes enthoben, da die Niederlage auf sein Verhalten zurückgeführt wurde. Er zog sich daraufhin auf seine Burg im Norden der Ägäis zurück. Als dieses Gebiet von den Spartanern besetzt wurde, flüchtete er 404 v. u. Z. nach Persien, wo er schließlich auf Drängen von Sparta umgebracht wurde.

Das erste Unternehmen des Nachfolgers von Alkibiades, Konon (gest. 392 v. u. Z.), verlief unglücklich. Er wurde mit seiner Flotte im Jahre 406 v. u. Z. bei der Insel Lesbos im Hafen von Mytilene eingeschlossen. Als Athen davon Nachricht bekam, rüstete es unter großen Schwierigkeiten innerhalb von 30 Tagen eine Flotte von 110 Trieren aus, welche sich bei Samos, um weitere 40 Trieren verstärkt, nach Mytilene begab. Als Kallikratidas, der Befehlshaber der spartanischen Flotte, von der Annäherung seines Gegners erfuhr, ließ er 50 Trieren zur Blockade von Mytilene zurück und segelte ihm mit 120 Trieren entgegen. Bei den Arginusischen Inseln, zwischen der Insel Lesbos und der Küste Kleinasiens, kam es zum Treffen.

Die spartanische Flotte war in einfacher Dwarslinie aufgestellt und verfügte über keine Tiefenstaffelung. Die Flotte Athens hingegen war wesentlich zweckmäßiger zum Gefecht angetreten. In ihrem Zentrum befanden sich 30 Trieren in Kiellinie. Sie hatten die Aufgabe, dort einzugreifen, wo der Gegner Erfolge erringen würde, und bildete somit die Reserve. An den beiden Flügeln befanden sich jeweils eine doppelte Dwarslinie mit je 30 Trieren in jeder. Das Gefecht wurde durch die Spartaner mit einem Angriff auf den linken Flügel der Athener eröffnet. Dabei blieb der Rammsporn des spartanischen Flaggschiffes in einer athenischen Triere stecken, so daß sich auf diesem Flügel der Kampf auf das spartanische Flaggschiff konzentrierte. Als es genommen wurde, tötete man die gesamte Besatzung, darunter auch Kallikratidas. Trotzdem kämpften die Spartaner mutig weiter. Am rechten Flügel gelang ihnen sogar der Durchbruch durch die erste Dwarslinie, die zweite allerdings konnten sie nicht überwinden. Binnen kurzem waren beide spartanische Flügel niedergekämpft und mehr als 70 Trieren vernichtet. Angesichts dieser großen Verluste brachen die Spartaner das Gefecht ab und zogen sich zur Insel Chios zurück. Die Blockade von Mytilene mußten sie aufheben.

Dies war der letzte Seesieg der Athener im Peloponnesischen Krieg. Die Ursachen des Sieges lagen unter anderem

1. in der doppelten Dwarslinie, da die zweite Dwarslinie die Reserve für die erste bildete und entstandene Lücken sofort wieder aufgefüllt werden konnten;
2. in der Schaffung eines Reservegeschwaders, das dort eingreifen konnte, wo die Konzentrierung der Hauptanstrengungen notwendig wurde.

Spartas Flotte war geschlagen, aber in Athen wurde der Seesieg über Sparta nicht genutzt. Ein Friedensangebot Spartas wurde durch Forderungen nach Rückgabe von Städten, die von Athen abgefallen waren, zu Fall gebracht. Den siegreichen Strategen machte man einen Prozeß und verurteilte sechs von zehn, die die Flotte begleitet hatten, zum Tode, weil sie zwölf in dem Gefecht

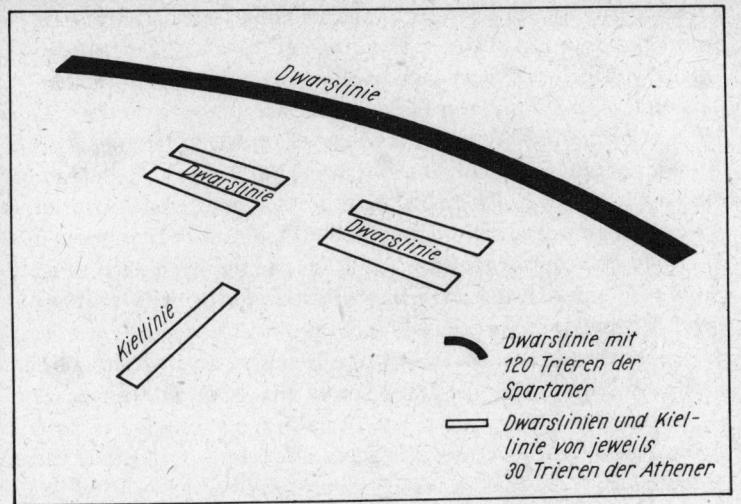

Dwarslinie

Dwarslinie

Dwarslinie

Kiellinie

Dwarslinie mit
120 Trieren der
Spartaner

Dwarslinien und Kiel-
linie von jeweils
30 Trieren der Athener

16 Seegefecht bei den Arginusischen Inseln (406 v. u. Z.)

schwer beschädigte Schiffe samt ihren Besatzungen auf der Rückfahrt wegen der schlechten Wetterlage nicht retten konnten.

Indes gelang es Lysandros, mit persischem Geld für Sparta eine neue Flotte aufzubauen. Mit dieser Flotte blockierte er die für die Getreidezufuhr Athens wichtigen Dardanellen. Hier spielte sich auch das letzte Zusammentreffen beider rivalisierender Flotten ab.

Im Dezember 406 v. u. Z. trafen die Flotten im Bestand von 180 athenischen und 200 spartanischen Schiffen bei Aigospotamoi zusammen. Konon, der Befehlshaber der Flotte Athens, wünschte ebensowenig wie Lysandros, der Befehlshaber der Flotte Spartas, ein Gefecht. Die Gründe dafür mögen unterschiedlich gewesen sein, jedenfalls lag man sich längere Zeit unbeweglich gegenüber, ohne daß es zu Kampfhandlungen kam. Daraufhin begaben sich die Besatzungen der athenischen Schiffe zum Fouragieren an Land. Sie streiften bis nach Sestos. Die Spartaner folgten diesem Beispiel. Fünf Tage wiederholte sich dieser Vorgang, bis Lysandros die Flotte Athens, in der man schon glaubte, daß er die Schlacht nicht eröffnen wolle, während des Fouragierens angriff.

Lysandros hatte das Verhalten seines Gegners beobachtet und den Moment genutzt, als Ruderer und Krieger sich am Ufer aufhielten ohne die Schiffe zu bewachen. Konons Bemühen, seine Schiffe zu bemannen, blieb zum großen Teil erfolglos. Die unbesetzten 170 Trieren der Athener wurden von den Spartanern ohne Schwierigkeiten genommen, und alle Flottenangehörigen, sofern sie Athener waren, etwa 3 000 Mann, umgebracht. Nur 10 Trieren waren entkommen. Konon gelang die Flucht nach Zypern.

Athen war nun endgültig am Ende seiner Kraft. 404 v. u. Z. mußte es einen Friedensvertrag mit entwürdigenden Bedingungen abschließen. Die Friedensbedingungen umfaßten:

1. den Verlust aller auswärtigen Besitzungen, außer Klerouchien;
2. die Schleifung der Langen Mauern und aller übrigen Befestigungen;
3. die Auslieferung aller Schiffe, nur 12 durften im Besitz Athens bleiben;
4. die Rückkehr aller politisch Verbannten, wobei es sich vorrangig um Oligarchen handelte;
5. den Eintritt in den Peloponnesischen Bund.

Durch diese Niederlage hatte Athen die Hegemonie über Griechenland und in der Ägäis endgültig verloren. Der Peloponnesische Krieg war zu Ende. Große Teile Griechenlands waren zerstört, entvölkert und wirtschaftlich ruiniert. Die Blütezeit der antiken Demokratie ging in ganz Griechenland zu Ende. Handel, Handwerk und die freie Kleinbauernschaft lagen am Boden, und die Ware-Geld-Beziehungen waren stark gestört.

Während des Peleponnesischen Krieges waren die Gefechtsordnungen der Flotten zweckmäßiger aufgebaut worden, die ein wesentlich besseres Manöver mit den Kräften zur Konzentrierung der Hauptanstrengungen in die Hauptrichtung ermöglichten. Hauptursache für diese Entwicklung war weniger die Einführung neuer Bewaffnung und Technik, sondern die immer bessere Beherrschung der bereits vorhandenen materiell-technischen Basis des bewaffneten Kampfes auf See.

Ein wesentlicher Faktor, der die Stellung der Flotten im zukünftigen gesellschaftlichen Leben des antiken Griechenlands bestimmen sollte, war ihre immer weniger durch freie Bürger als durch Söldner erfolgende Auffüllung.

Die Lage im westlichen Mittelmeer
vor Beginn der Punischen Kriege

Die gesellschaftliche Lage beider Seiten
vor Beginn der Kriege

Nach kriegerischen Auseinandersetzungen mit den Latinern (340–338 v. u. Z.), den Samniten (326–304 v. u. Z.) und der Stadt Tarent (280–272 v. u. Z.) errang Rom etwa 265 v. u. Z. die Hegemonie in Italien, konnte seinen Einfluß ständig festigen und vergrößern und wurde somit zu einer Großmacht im westlichen Mittelmeerraum.

Karthago, die andere Großmacht jener Zeit in diesem Gebiet, war etwa 814 v. u. Z. von der phönikischen Stadt Tyros als Kolonie gegründet worden.

Es betrieb vorrangig Seehandel mit Sklaven, Gold, Silber, Zinn, Eisen, Elfenbein und anderem. Im Verlauf der Zeit wurde auch das karthagische Hinterland nutzbar gemacht, und es entstanden große Latifundien, die reichen Karthagern gehörten. Dadurch existierten in Karthago zwei mächtige sich gegenüberstehende Kräftegruppierungen, die Großkaufleute und die Großgrundbesitzer. Eine dritte Gruppe stand zwischen diesen Kräften: die freien Armen, die nicht sehr zahlreichen Handwerker, die Hafenarbeiter und die Seeleute. Während die Großkaufleute an einer Ausdehnung ihres Einflußgebietes außerhalb Afrikas interessiert waren, lag den Großgrundbesitzern mehr an einer Festigung der Positionen in Nordafrika. Diese Widersprüche schlugen sich in der Außenpolitik Karthagos nieder, die entsprechend dem inneren Kräfteverhältnis der Interessengruppierungen einem ständigen Wech-

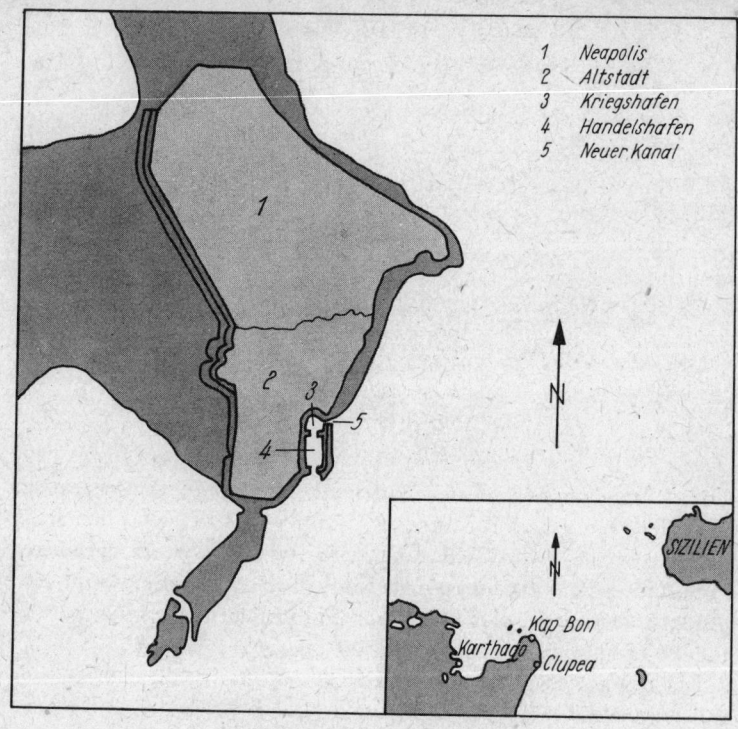

17 Karthago (etwa 146 v. u. Z.)

sel unterworfen war. Besonders die Interessen der Großkaufleute
mußten mit den Interessen des jungen erstarkenden Rom in Konflikt geraten, als es Vorherrschaftsansprüche im westlichen Mittelmeer stellte. Der 348 v. u. Z. abgeschlossene römisch-karthagische
Vertrag hatte zwar die Einflußgebiete voneinander abgegrenzt,
entsprach aber nicht mehr den gewachsenen Möglichkeiten Roms.

Schnittpunkt der römischen und der karthagischen Interessen
war Sizilien. Die auf dieser Insel lebenden Griechen trieben einen
einträglichen Handel und waren zu einem nicht unbeträchtlichen
Reichtum gelangt. Rom und Karthago reizte das Getreide der Insel sowie ihre günstige strategische Lage. Von Sizilien aus ließen
sich der Handel zwischen dem westlichen und östlichen Mittelmeer leicht kontrollieren und weitere Eroberungen durchführen.

Der maritime Entwicklungsstand
beider Seiten vor Beginn der Kriege

Bis zum ersten Punischen Krieg (264–241 v. u. Z.) spielte die Kriegsflotte bei den Römern eine untergeordnete Rolle, da alle notwendigen kriegerischen Auseinandersetzungen mit dem Heer geführt werden konnten. Nach der Eroberung großer Teile Siziliens, durch die bessere römische Legionärstaktik gewährleistet, kam der Zeitpunkt, der zwingend eine Kriegsflotte erforderte, denn ohne sie konnte eine ganze Reihe sizilianischer Küstenstädte nicht genommen werden. So wurde Rom veranlaßt, eine eigene Kriegsflotte zu schaffen, da Karthago mit seiner Flotte den westlichen Teil des Mittelmeeres beherrschte und damit die Seeverbindungen Roms mit Sizilien und den italienischen Küstenstädten bedrohte. Der von Rom geplanten Einnahme sizilianischer Küstenstädte konnte Karthago mit seiner Flotte entgegenwirken.

Der zielstrebige Aufbau einer Flotte mit fast ungeschulten Kräften ist eine der größten maritimen Leistungen der Römer. Polybius schrieb dazu: «Da sie nämlich sahen, daß sich der Krieg in die Länge zog, gingen sie daran – es war das erstemal –, Schiffe zu bauen, hundert Fünfruderer und zwanzig Dreiruderer. Da aber die Schiffsbaumeister im Bau von Fünfruderern völlig unerfahren waren, weil bis dahin noch niemand in Italien solche Fahrzeuge benutzt hatte, so hatten sie damit große Schwierigkeiten.»

Als Vorbild für den Bau einer bis dahin in Italien nicht eingesetzten Pentere soll eine gestrandete karthagische Pentere gedient haben. Die römischen Neubauten fielen recht plump aus und hatten ungefähr folgende Ausmaße: Wasserverdrängung: 116 t, Länge: 31 m, Breite: 5,5 m, Tiefgang: 1,2 m. In der Zeit, in der die Penteren gebaut wurden, bildete Rom Besatzungen aus. Sie rekrutierten sich aus freien römischen Bürgern. Für die Ausbildung wurden spezielle Schiffsmodelle an Land aufgestellt, an denen zwar die Rudertechnik trainiert werden konnte, aber geschickte und erfahrene Kapitäne sowie Flottenführer ließen sich hier nicht heranziehen.

Dieser Umstand sowie die aufgrund ihrer Plumpheit langsamen und schlecht manövrierbaren Schiffe, welche einem Rammstoß

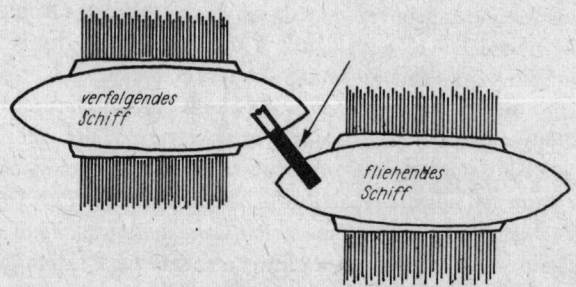

verfolgendes Schiff

fliehendes Schiff

Römische Enterbrücke

kaum ausweichen konnten, zwangen die Römer, einen Ausweg aus dieser mißlichen Lage zu suchen. Sie fanden ihn im Einsatz ihrer hervorragenden Landtruppen, die auf das gegnerische Schiff gebracht werden mußten. Dazu konstruierten und bauten sie die Enterbrücke.

Die Bauweise einer solchen Enterbrücke ist nicht genau bekannt, dürfte aber nach folgendem Prinzip vorgenommen worden sein: Auf der Back befand sich ein etwa 8 m hoher und 25 cm starker Pfahl, an dessen Fuß die 12 m lange Enterbrücke befestigt war. Vom Ende der Enterbrücke, das mit Eisen beschwert war, damit es sich richtig im gegnerischen Schiff festhaken konnte, verlief ein Tau zum Top des Pfahles, so daß man die Enterbrücke, wenn sich ihr Ende über dem gegnerischen Schiff befand, herabfallen lassen konnte. Am Fuß des Pfahles war die Enterbrücke so angebracht, daß sie frei, von Backbord über Voraus nach Steuerbord oder umgekehrt, gedreht werden konnte. Hatte sich die Enterbrücke erst einmal im gegnerischen Schiff verhakt, stürmten die Legionäre über sie hinweg und entschieden den Kampf an Bord des Gegners.

Die Einführung der Enterbrücke war eine wesentliche Weiterentwicklung des Enterkampfes und führte zu einer Veränderung der Taktik im Seegefecht. Kam es bislang darauf an, mit dem Schiff so zu manövrieren, daß der starr eingebaute Rammsporn zum Einsatz gebracht werden konnte, so galt es nun, die bewegliche Enterbrücke auf das Deck des Gegners zu legen. Dadurch wurde das Schiff, das bis dahin selbst Waffe war, auch zum Waffenträger und von seiner Eigenschaft als Kampfinstrument weitestgehend befreit. Mußte bei der Rammtaktik die Berührung mit dem Gegner herbeigeführt, d. h., die Bordwand mit dem Rammsporn durchstoßen oder zumindest beschädigt werden, so konnte jetzt bereits auf einer Distanz von neun bis zehn Metern der Gegner angegriffen werden. Konnten bei der Rammtaktik nur wenige Grade des eigenen Voraussektors zum Angriff genutzt werden, so wurde mit der Einführung der Enterbrücke dieser Sektor auf mindestens 180 Grad vergrößert. Dadurch brauchte nicht mehr das ganze Schiff gerichtet zu werden. Weiterhin konnte das gegnerische Schiff in allen seinen Kurswinkeln angegriffen werden. Ein wesentlich freieres Manövrieren des angreifenden Schiffes wurde möglich. Während bei der Rammtaktik der Angegriffene den Moment des Rammens aus der Distanz und der Geschwindigkeit seines Gegners berechnen konnte und damit Zeit hatte, gewisse Abwehrmaßnahmen zu treffen, ließ sich der Zeitpunkt für das Fallen der Enterbrücke nicht in jedem Fall ermitteln.

Trotzdem hatte die Enterbrücke einen Nachteil, der nicht kompensiert werden konnte. Eine in Ruhelage senkrecht stehende Enterbrücke mußte zwangsläufig wie ein Segel wirken, wodurch die Schiffe leegierig wurden. Bei stürmischem Wetter muß sie eine ernsthafte Gefahr dargestellt und die Seetüchtigkeit wesentlich herabgesetzt haben. Vermutlich hatte sie an den kommenden Schiffsverlusten der Römer einen nicht geringen Anteil. Auf jeden Fall wird sie für die Zeit ab 249 v. u. Z. nicht mehr erwähnt, und es darf angenommen werden, daß sie nicht mehr zum Einsatz kam.

Karthago konnte sich mit seiner etwa 350 Einheiten starken Flotte auf gut ausgebaute Häfen stützen. Aufgrund der vielfältigen Handelsbeziehungen, die Karthago im Mittelmeer unterhielt, stand die Flotte in Ansehen und Kampfkraft höher als das Heer. Die hauptsächlichsten Schiffstypen waren Penteren und Trieren. Die überlieferten und nachfolgend aufgeführten Angaben über sie sind sehr zweifelhaft und erscheinen alle als zu hoch. So sollen die Penteren, die vermutlich im Bug zwei und im Heck drei Riemenreihen hatten, über eine Wasserverdrängung von 500 t, über eine Länge bis zu 50 m, über eine Breite bis zu 8 m und über einen Tiefgang bis zu 3,5 m verfügt haben. Zur Besatzung sollen 310 Ruderer, 18 Soldaten und 47 Offiziere gehört haben. Die Angaben über die Trieren sind mit einer Wasserverdrängung von rund 230 t, einer Länge von 45 m, einer Breite von 4,5 m bis 5,5 m und einem Tiefgang von knapp 2,5 m überliefert. Ihre Besatzung soll aus 174 Ruderern, 10 Soldaten und 41 Offizieren bestanden haben. Es sind auch Septeren zum Einsatz gekommen. Im allgemeinen galten die karthagischen Schiffe als schnell und waren in dieser Beziehung den römischen Schiffen überlegen. Die Ruderer waren durchweg Sklaven, was sich in den Seegefechten mit den Römern nachteilig auswirkte. Matrosen und Soldaten waren gewöhnlich Söldner und die Offiziere Karthager. Der Befehlshaber der Flotte war in den Fragen des Zusammenwirkens dem Befehlshaber des Heeres unterstellt. Sonst handelte er selbständig.

Die Handlungen der Flotten
in den Punischen Kriegen
(264–146 v. u. Z.)

Der Ausbruch bewaffneter Auseinandersetzungen zwischen Rom und Karthago um die Vorherrschaft im Mittelmeerraum war eine Frage der Zeit. Dieser bevorstehende Krieg war, wie Lenin schrieb, «auf beiden Seiten ein imperialistischer Krieg». Ein Zwischenfall in Messena wurde von den Kontrahenten genutzt, um mit den Auseinandersetzungen zu beginnen.

Zum ersten nennenswerten Zusammentreffen zwischen der römischen und der karthagischen Flotte kam es im Jahre 260 v. u. Z. Die aus 103 Einheiten bestehende römische Flotte lief unter dem Befehl des Konsuls Duilius mit Westkurs an der Nordküste Siziliens. Auf der Höhe von Mylae wurde die karthagische Flotte ausgemacht. 30 karthagische Schiffe, die die Vorhut bildeten, näherten sich, auf ihre Überlegenheit bauend und ohne Gefechtsordnung, der römischen Flotte, mit der sie noch keine Gefechtsberührung hatten. Die Römer ließen ihren Gegner ruhig in die Reichweite ihrer Enterbrücken kommen, hakten sich blitzschnell an den karthagischen Schiffen fest und drangen mit Schild und Schwert, alles um sich niederhauend, auf die gegnerischen Schiffe vor. Selbst das Flaggschiff, eine stolze Septere, wurde auf diese Art und Weise genommen. Als die Hauptkräfte der Karthager, die aus 100 Schiffen bestanden haben sollen, endlich heran waren, versagte auch ihre Taktik gegen die der Römer. Karthago verlor so bei seinem ersten nennenswerten maritimen Zusammentreffen mit Rom 45 Schiffe, von denen 14 versenkt wurden und 31 in die Hände der Sieger fielen.

Hauptursache der Niederlage der karthagischen Flotte war die Ausnutzung des Überraschungseffektes durch die Römer. Diese Überraschung beruhte auf der durch die Enterbrücke möglich gewordenen neuen Taktik.

Es ist leicht vorstellbar, daß sich die kampferfahrene karthagische Flotte, im vollen Bewußtsein bisheriger seemännischer und taktischer Überlegenheit, der gerade erst erbauten und mit unerfahrenen Leuten besetzten Flotte Roms siegessicher und sogar

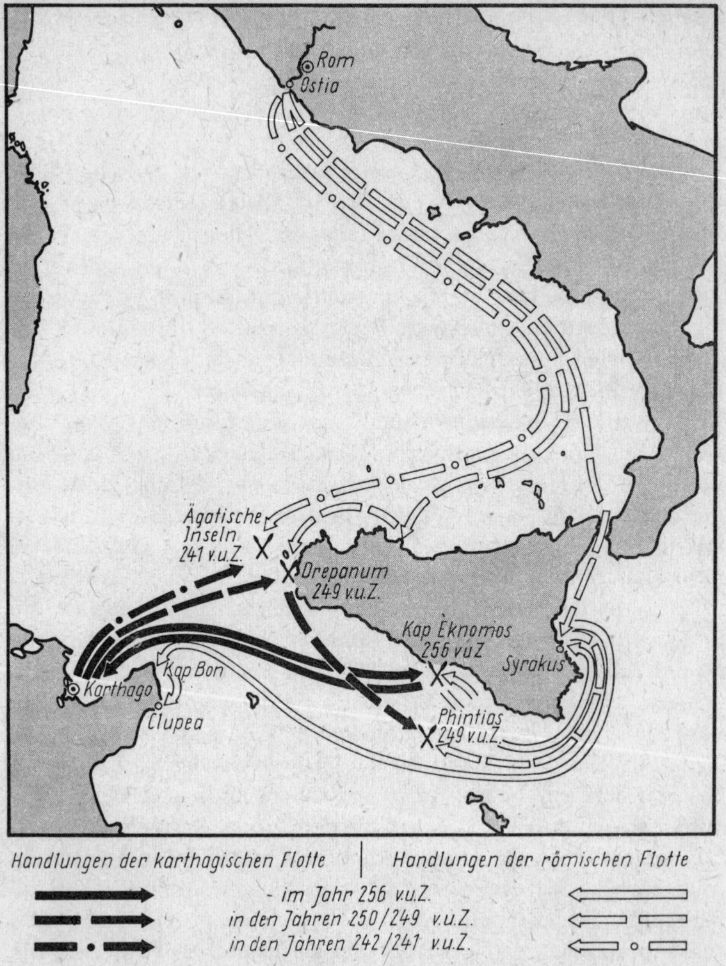

Rom
Ostia

Ägatische
Inseln
241 v.u.Z. X

Drepanum
249 v.u.Z. X

Kap Eknomos
256 v.u.Z. X

Syrakus

Phintias
249 v.u.Z. X

Kap Bon

Karthago

Clupea

Handlungen der karthagischen Flotte | Handlungen der römischen Flotte

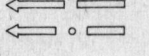

– im Jahr 256 v.u.Z.
in den Jahren 250/249 v.u.Z.
in den Jahren 242/241 v.u.Z.

18 Handlungen der Flotten im Ersten Punischen Krieg (264–241 v. u. Z.)

ohne Gefechtsordnung näherte. Wie verblüfft müssen die Karthager gewesen sein, als die ihnen unbekannte Enterbrücke auf ihr Deck krachte und danach römische Legionäre in voller Rüstung und mit blankem Schwert herüberstürmten. Zur Gegenwehr wird es in vielen Fällen zu spät gewesen sein.

Mylae ist ein hervorragendes Beispiel dafür, wie eine junge und unerfahrene Flotte eine erfahrene und kampferprobte durch eine bessere Taktik schlagen kann.

Um den ersten römischen Seesieg zu würdigen, wurde auf dem Forum Romanum eine Säule, die sogenannte «columna rostrata», die mit den Schiffsschnäbeln der erbeuteten Schiffe geschmückt war, errichtet.

Nach diesem Sieg blieb die römische Flotte nicht untätig. Sie half 259 v. u. Z. bei der Besetzung der Insel Korsika und eines Teiles von Sardinien. 258 v. u. Z. kam es zu weiteren Treffen mit der Flotte Karthagos, in denen die Römer ebenfalls siegreich blieben. In diesen Gefechten konnten Erfahrungen gesammelt werden, auf die man baute, als der Entschluß gefaßt wurde, den Krieg gegen Karthago in Afrika fortzusetzen.

Die Seeschlacht bei Eknomos (256 v. u. Z.)

Um die für den Krieg in Nordafrika benötigten Truppen überzusetzen, mußte die Seeherrschaft, die sich trotz aller römischen Erfolge immer noch in den Händen Karthagos befand, errungen werden. Deshalb wurde die römische Flotte vor dem Landungsunternehmen verstärkt, um, zumindest zeitlich und örtlich begrenzt, die Seeherrschaft zur Sicherstellung dieser Aufgabe zu erringen und zu behaupten.

Die Karthager, die wußten, daß die Römer ein groß angelegtes Landungsunternehmen in Afrika planten, organisierten ihre Landungsabwehr bereits auf See. So kam es 256 v. u. Z. bei Kap Eknomos zur Schlacht zwischen beiden Flotten. Rom stellte 330 und Karthago 350 Schiffe.

Die Flotte der Römer, die in Keilformation mit westlichen Kursen parallel zur Südküste Siziliens lief, war in vier Geschwader gegliedert. Die Flaggschiffe des ersten und des zweiten Geschwaders, zwei Hexeren, fuhren an der Spitze des Keils, hinter sich in

Keilformation Backbord bzw. Steuerbord jeweils ihre Geschwader, welche aus je 80 Schiffen bestanden. Das dritte Geschwader, welches sich ebenfalls aus 80 Einheiten zusammensetzte, bildete die Grundlinie des Keils und fuhr in Dwarslinie. Dieses Geschwader hatte die Transportschiffe im Schlepp, so daß dadurch eine doppelte Dwarslinie entstand. Hinter dieser, praktisch als dritte Dwarslinie, fuhr das vierte Geschwader, das aus den 90 stärksten Schiffen bestand und die Transporter von hinten decken sollte. Polybius schrieb: «... die ganze Formation der Schlachtreihe (bildete) einen vollständigen Keil, dessen vorderer Teil hohl, dessen Grundfläche fest geschlossen, das Ganze aber stark und aktionsfähig und zugleich schwer zu zerbrechen war.»

Die karthagische Flotte, die ebenfalls aus vier Geschwadern bestand, lief mit östlichen Kursen und gebrochener Dwarslinie der römischen Flotte entgegen. Da mit der Vernichtung der römischen Transporter die unmittelbare Gefahr einer Landung in Afrika abgewendet worden wäre, bildeten sie für die karthagische Flotte das Objekt ihrer Hauptanstrengungen.

Das erste und zweite karthagische Geschwader sollten das erste und zweite römische Geschwader angreifen und von der Grundlinie des Keils trennen. Das dritte karthagische Geschwader hatte die Aufgabe, das vierte römische Geschwader anzugreifen und von den Transportern abzudrängen. Das vierte karthagische Geschwader hatte die Hauptaufgabe zu lösen, indem es das dritte römische Geschwader angreifen und die Transporter vernichten sollte.

Als die ersten und zweiten Geschwader beider Flotten zusammentrafen, wurde die Dwarslinie der Karthager schnell durchbrochen. Daraufhin wandten sich das erste und zweite karthagische Geschwader zur Flucht, um somit eine Verfolgung durch die römischen Geschwader zu provozieren und sie dadurch von den Transportern, dem Objekt der Hauptanstrengungen der Karthager, abzuziehen.

Die Römer, die die Absicht ihres Gegners nicht durchschauten, nahmen die Verfolgung auf und zerrissen so ihre Schlachtordnung.

Damit war der Weg für das vierte karthagische Geschwader zum Angriff auf das dritte römische und somit zur Erfüllung der

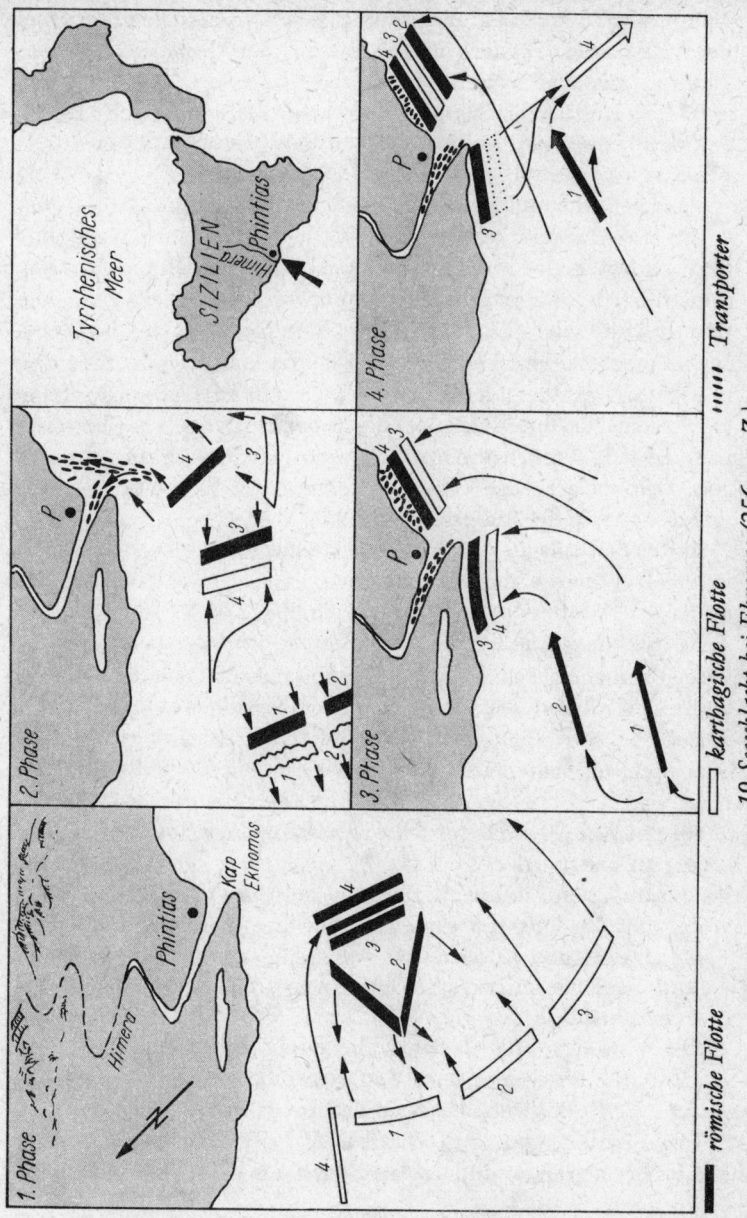

1. Phase

Tyrrhenisches Meer

SIZILIEN

Himera

Phintias

Kap Eknomos

2. Phase

P

4. Phase

SIZILIEN

Himera

Phintias

P

3. Phase

P

römische Flotte — — — — — — karthagische Flotte ········· Transporter

19 Seeschlacht bei Eknomos (256 v. u. Z.)

117

Hauptaufgabe frei. Zur Entlastung seines vierten Geschwaders griff das dritte karthagische Geschwader das vierte römische an. Dadurch entstanden drei lokal begrenzte Treffen.

In dieser Phase der Schlacht kam es für die karthagische Flotte darauf an, das erste und zweite römische Geschwader so lange von den Transportern fernzuhalten, bis zumindest ein großer Teil von ihnen vernichtet war. Aber aus der vorgetäuschten Flucht des ersten und zweiten karthagischen Geschwaders wurde aufgrund der Überlegenheit der Römer eine tatsächliche Flucht. Das zweite römische Geschwader konnte so seinen hart bedrängten Transportern zu Hilfe eilen. Nachdem es noch einige kampfunfähige gegnerische Schiffe gekapert hatte, folgte das erste Geschwader wenig später. Für die dadurch entstandene römische Übermacht war es ein leichtes, ihre Transporter aus der Bedrängnis zu befreien und das dritte und vierte karthagische Geschwader zu zerschlagen. Damit waren die Römer die Sieger von Eknomos. Sie versenkten 30 Schiffe und erbeuteten 64.

In der Seeschlacht von Eknomos zeigte sich eine ganze Reihe von Faktoren, die den Beginn einer neuen Etappe in der Geschichte der Seekriegskunst kennzeichnen:

1. Wurden bisher nur Seeschlachten und -gefechte in unmittelbarer Ufernähe geschlagen, so war Eknomos die erste Seeschlacht, die sich nicht nur im direkten Küstenbereich abspielte.
2. Bei Eknomos kämpften beide Flotten im Bestand von je vier selbständig handelnden taktischen Gruppen.
3. Die karthagische Flotte handelte in zwei Richtungen, verstand aber nicht, in der Hauptrichtung ständig die Hauptanstrengungen zu konzentrieren.
4. Wesentlichen Einfluß auf den Ausgang dieser Seeschlacht hatte das gute Zusammenwirken zwischen den einzelnen römischen Geschwadern, das durch das taktische Einfühlungsvermögen und die Eigeninitiative der einzelnen Kommandeure aufrechterhalten wurde.
5. Die Wahl des Keils als Schlachtordnung läßt in dem römischen Flottenführer immer noch den Heerführer erkennen. Ein solcher Keil erschwert die zentralisierte Führung und damit die Organisation und Aufrechterhaltung des Zusammenwirkens. Ein Manövrieren und Zusammenhalten dieser Formation ist

nur bei ruhigem Wetter und bei glatter See möglich. Bei Kampfhandlungen muß sie sofort auseinanderfallen, da sie zu unbeweglich ist. Die erste Gefechtsberührung ließ den Keil dann auch tatsächlich auseinanderfallen. Die Karthager waren nicht in der Lage, aus dieser unzweckmäßigen Schlachtordnung der Römer den notwendigen Nutzen zu ziehen.

6. In dieser Seeschlacht wurde nochmals die Überlegenheit der römischen Entertaktik demonstriert. Die karthagischen Schiffe wagten sich aus Furcht vor der Enterbrücke nicht zu nah an die römischen Schiffe heran und konnten deshalb ihre Rammtaktik nicht voll zur Wirkung bringen.

Der Sieg bei Eknomos öffnete Rom den Weg nach Afrika, wo ohne Störung durch Karthago die Landungstruppen ausgeschifft wurden. Nach der Landung errangen die römischen Legionäre bemerkenswerte Erfolge, die aber hauptsächlich in der Unfähigkeit der karthagischen Feldherren begründet lagen. Als die Karthager dem Spartaner Xanthippos den Oberbefehl übertrugen, änderte sich die Lage grundlegend, und die römischen Truppen wurden bei Tunes im Jahre 255 v. u. Z. vernichtend geschlagen. Diese Niederlage hatte große strategische Auswirkungen, und Rom mußte die Flotte zum Schutz der eigenen Küste heranziehen. Diese Flotte hatte im Jahre 255 v. u. Z. einen Bestand von 350 Einheiten.

Aber statt aktiv um die Behauptung der Seeherrschaft zu kämpfen, begann Rom mit der Blockade einer Reihe gegnerischer Küstenstädte. Eine Seeblockade ist nur dann erfolgversprechend, wenn sie über einen längeren Zeitraum und mit einer genügenden Anzahl von Schiffen durchgeführt wird. Der zahlenmäßige Bestand der römischen Flotte reichte zur Lösung dieser Aufgabe sicher aus, aber in seemännischer und nautischer Hinsicht war sie dieser Aufgabe über längere Zeit nicht gewachsen.

Durch Sturm und schlechtes Wetter gingen deshalb 280 Schiffe mit etwa 100000 Mann bei den Blockadehandlungen verloren. Dies ist die größte bekannte Schiffskatastrophe der Antike.

Infolge dieses großen und ohne Feindeinwirkung erlittenen Verlustes der Römer war Karthago der Stärkere auf See; an eine Fortsetzung der römischen Kampfhandlungen in Afrika konnte zunächst nicht gedacht werden.

Da die Position Karthagos durch diese Katastrophe wuchs, sah sich Rom veranlaßt, schnellstens eine neue Flotte zu bauen und auszurüsten. Innerhalb von drei Monaten verfügte man wieder über 220 Schiffe. Mit dieser Flotte wandte sich Rom in den Jahren 254/53 v. u. Z. erneut gegen sizilianische Küstenstädte. Bei der Rückfahrt von Sizilien geriet auch sie in einen Sturm, und mehr als 150 Schiffe gingen verloren. Insgesamt betrugen die durch Wettereinwirkungen hervorgerufenen römischen Schiffsverluste in den Jahren 256 v. u. Z. bis 253 v. u. Z. mehr als 700 Einheiten. Für einen sofortigen Ausgleich dieses großen Schadens reichten die ökonomischen Möglichkeiten Roms nicht aus, und man mußte sich zum Schutz der italienischen Küste und zur Versorgung der außerhalb Roms stehenden Legionäre mit 66 Schiffen begnügen.

Das Seegefecht bei Drepanum (249 v. u. Z.)

In Rom war man sich dessen bewußt, daß Karthago ohne Flotte nicht zu besiegen war. Deshalb wurde unter großen Anstrengungen im Jahre 251 v. u. Z. eine neue Flotte ausgerüstet.

Da die Römer die Karthager auch aus den Hafenstädten Lylibaeum und Drepanum zu verdrängen gedachten, um damit über ganz Sizilien verfügen zu können, sollte die neue Flotte diese Städte von See aus blockieren, um ihre Versorgung aus Karthago zu unterbinden.

Karthago hingegen wollte seine letzten Stützpunkte auf Sizilien halten. So kam es 249 v. u. Z. bei Drepanum zu einem Seegefecht, das Polybius wie folgt beschrieb: «Zuerst stand die Schlacht im Gleichgewicht, da beide Parteien für den Kampf zur See die besten Soldaten des Landheeres ausgesucht hatten. Mehr und mehr jedoch gewannen die Karthager das Übergewicht, da sie während des ganzen Kampfes in vieler Hinsicht im Vorteil waren. Denn wegen des vorzüglichen Baus ihrer Schiffe und der guten Schulung ihrer Rudermannschaften waren sie an Schnelligkeit beträchtlich überlegen. Außerdem kam ihnen ihre Position sehr zustatten, da sie auf der Seeseite Aufstellung genommen hatten. Denn wenn karthagische Schiffe von feindlichen bedrängt wurden, zogen sie sich dank ihrer Schnelligkeit ungefährdet in die offene See zurück, machten dann kehrt und griffen die Verfolger, die sich zu weit vorwagten, bald um sie herumfahrend, bald sie

120

von der Seite anfallend, während jene umwandten – ein bei der Schwerfälligkeit der Schiffe und der Unerfahrenheit der Rudermannschaften äußerst schwieriges Manöver – mit unaufhörlichen Rammstößen an und versenkten viele Fahrzeuge. Wenn aber ein anderes Schiff der eigenen Flotte in Gefahr geriet, konnten sie ihm mit Leichtigkeit und in voller Sicherheit außerhalb des Kampfbereichs hinten um die eigenen Schiffe und durch das Meer herumfahrend, Hilfe bringen.

Für die Römer dagegen lagen die Dinge gerade umgekehrt. Für die in Bedrängnis geratenden Schiffe bestand keine Möglichkeit, nach hinten auszuweichen, da sie dicht am Lande kämpften, sondern jedes Schiff, dem von vorn hart zugesetzt wurde, geriet entweder auf Untiefen und saß mit dem Heck fest oder wurde ans Land getrieben und scheiterte. Durchzufahren aber durch die Linie der feindlichen Schiffe und im Rücken derer zu erscheinen, die schon in einen Kampf mit anderen verwickelt waren – ein in der Seeschlacht besonders wirksames Manöver –, waren sie außerstande wegen der Schwerfälligkeit der Fahrzeuge sowie wegen der Unerfahrenheit der Bemannung. Ebensowenig konnten sie denen, die in Not waren, von hinten her zu Hilfe eilen, da sie dicht ans Land gedrängt standen und auch nicht der kleinste Raum übrig blieb, um den Gefährdeten zu helfen. Angesichts dieser verzweifelten Kampflage, der Tatsache, daß die Schiffe teils auf den Untiefen festsaßen, teils ans Ufer geworfen wurden, wandte sich der römische Konsul zur Flucht, indem er sich vom linken Flügel her längs des Landes herauszog, und mit ihm etwa dreißig Schiffe, die in seiner Nähe standen. Die übrigen Fahrzeuge, dreiundneunzig an der Zahl, fielen den Karthagern in die Hände, mitsamt der Bemannung, soweit sie nicht die Schiffe auf den Strand gesetzt hatten, so daß sich die Leute hatten retten können.»

Diese Schilderung zeigt, daß die Karthager siegreich aus dem Gefecht hervorgingen. Die Ursachen sind in einer Reihe von Mängeln in der römischen Flotte zu suchen, die wie folgt charakterisiert werden können:

1. Die Führung der Kräfte und der Ausbildungsstand der Besatzungen entsprach nicht den Anforderungen. Die Gründe dafür sind in den riesigen Verlusten, die die römische Flotte in den letzten Jahren erlitten hatte, zu suchen. Dadurch war sie nicht

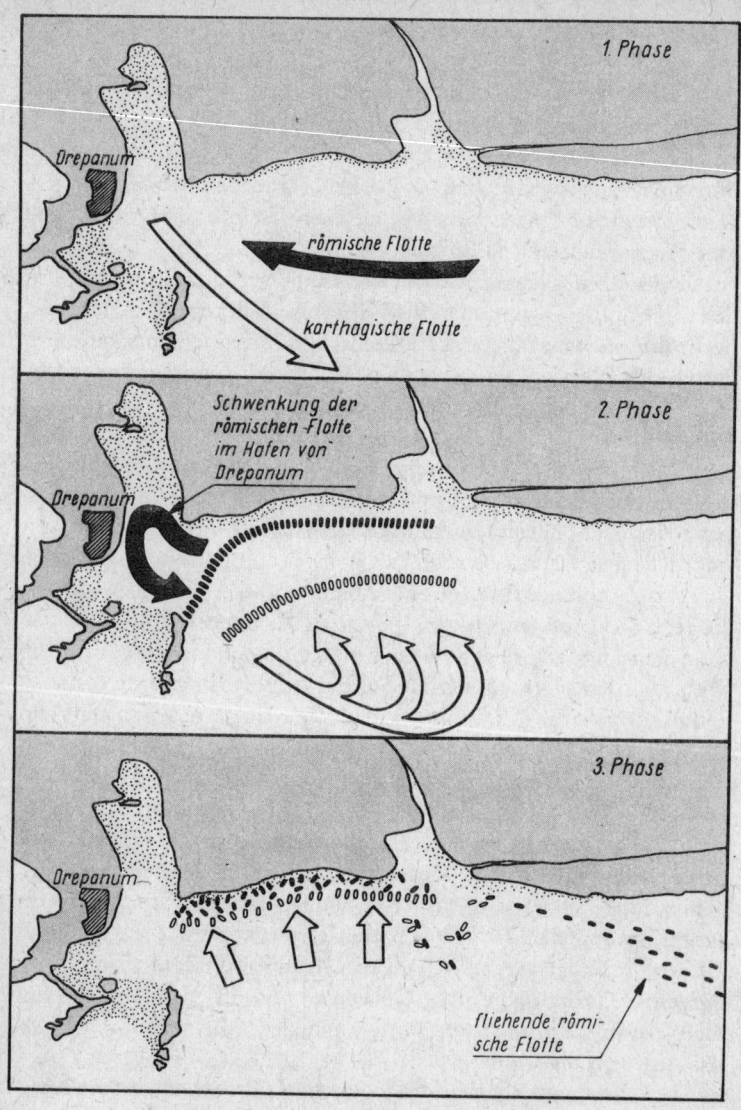

20 Seegefecht bei Drepanum (249 v. u. Z.)

in der Lage, erfahrene Seeleute und Flottenkommandeure heranzubilden.

2. Trotz jahrelanger Erfahrungen, die Rom im Schiffbau gesammelt hatte, verstand man es immer noch nicht, Schiffe zu bauen, die denen der Karthager an Schnelligkeit und Manövrierfähigkeit gleichwertig waren. Wahrscheinlich liegen die Gründe auch in diesem Fall darin, daß die Erfahrungen auf See im Vergleich zu den Karthagern nicht ausreichten, aber auch nicht mehr an Land ausgewertet werden konnten.

3. Die Quellen berichten nichts über den Einsatz der Enterbrücke, und es ist höchstwahrscheinlich, daß sie nicht eingesetzt, d.h. von den Schiffen entfernt, wurde. Dadurch waren die Römer gezwungen, die Rammtaktik, die sie weder theoretisch noch praktisch beherrschten, anzuwenden und mußten deshalb den Karthagern unterliegen.

4. Die Wahl des Ortes des Gefechtes durch die Römer war sehr unzweckmäßig. Sie kämpften «mit dem Rücken zur Wand» und wurden zerdrückt.

5. Die vorangegangenen riesigen Verluste sowie die daraus resultierende relative Unerfahrenheit haben sicher nicht dazu beigetragen, den Glauben an die eigenen Fähigkeiten zu fördern, so daß die Kampfmoral der Besatzungen nicht sehr hoch gewesen sein dürfte.

Der Rest der Flotte ging noch im selben Jahr, teils durch Feindeinwirkung, teils durch Sturm an der Westküste Siziliens verloren.

Wiederum besaß Rom keine Flotte. Aus eigenen Mitteln konnte der römische Staat keine Flotte mehr bauen. Da aber nur eine Flotte aus der Situation des sich nun schon über Jahre hinziehenden Zermürbungskrieges herausführen konnte, mußte eine Vermögenssteuer eingeführt werden, um mit diesem Geld eine neue Flotte bauen zu können. Das versetzte die Römer in der Folge in die Lage, eine stattliche Anzahl neuer Schiffe in Dienst zu stellen, so daß sie im Frühjahr 241 v. u. Z. mit der Flotte die Kampfhandlungen an der sizilianischen Küste wieder aufnehmen konnten.

So kam es am 10. März 241 v. u. Z. westlich von Sizilien, bei den Aegatischen Inseln, zu einem Gefecht zwischen dieser römischen Flotte und einer karthagischen Transportflotte, die zwar keinen hohen Gefechtswert besaß, aber Lebensmittel und anderen Nachschub für ihre schon stark angeschlagenen Truppen auf Sizilien an Bord hatte. Karthago mußte den Verlust von über 120 Schiffen hinnehmen.

Obwohl das nicht der schwerste Verlust war, den das früher so mächtige Karthago erlitten hatte, war es nun schon so schwach, daß es sich von diesem Schlag nicht mehr erholen konnte. Eine weitere Versorgung seiner Truppen auf Sizilien war unmöglich geworden, da Rom die Seeherrschaft errungen hatte und Karthago nicht mehr über die Mittel verfügte, um die Lage zu seinen Gunsten zu verändern. Karthago war zum Friedensschluß gezwungen.

Die römischen Forderungen waren sehr hoch. Die Karthager mußten innerhalb von zehn Jahren 3 200 Talente zahlen, sofort Sizilien räumen, alle Inseln zwischen Sizilien und Italien an Rom abtreten, alle Kriegsgefangenen entschädigungslos ausliefern und auf Söldnerwerbungen in Italien verzichten. Durch die Erhebung von Hafensteuern, Viehsteuern und des Zehnten auf Sizilien zog Rom noch zusätzlichen Reichtum in seine Kassen. Der Besitz Siziliens garantierte den Römern die Kontrolle des Handels zwischen dem westlichen und dem östlichen Mittelmeer. Darüber hinaus verfügten sie über ein ideales Sprungbrett nach Afrika.

Diese Bedingungen waren für Karthago zwar schmerzlich, aber noch erträglich, da man für die verlorengegangenen Positionen noch anderweitig Ersatz finden konnte.

Der erste Punische Krieg hatte gezeigt, daß Rom einerseits ohne Flotte nicht siegen konnte, andererseits aber kaum in der Lage war, eine Flotte zu führen. Die Flotte blieb immer nur ein Notbehelf oder notwendiges Übel. Keiner seiner aus den Reihen des Heeres hervorgegangenen Flottenführer hatte je die Seekriegführung tiefgründig erlernt, geschweige denn verstanden. Die Ursachen dafür sind in den großen Verlusten, die Rom in regelmäßigen Abständen auf See erlitt, zu suchen. Dadurch konnte kein kampferfahrener Kommandeursbestand herangezogen werden, und das Vertrauen in die eigenen Möglichkeiten wurde untergraben. Trotz einzelner bedeutender Seesiege wurden durch schwere seemännische und nautische Fehler, die ihre Ursachen ebenfalls in der fehlenden Praxis hatten, ganze Flotten in den Untergang geführt, ohne daß sie je Gefechtsberührung hatten. So war Rom unter den größten ökonomischen Anstrengungen veranlaßt, ständig neue Flotten zu bauen, auszurüsten und zu bemannen.

Die Erfindung der Enterbrücke resultierte aus dem Bestreben, mit dem römischen Legionär auf See kämpfen zu können. Die sich daraus entwickelnde Taktik wirkte sich nicht fördernd auf den Schiffbau aus. So verstand man es nicht, eine Methode zu finden, um die Enterbrücke, wenn sie nicht benötigt wurde, auf das Oberdeck zu legen. Dadurch wären ihre negativen Auswirkungen auf die Seetüchtigkeit der Schiffe sicherlich ausgeschaltet worden. Darüber hinaus wurden nach wie vor zu schwere Schiffe gebaut.

Karthago hatte wesentlich bessere Voraussetzungen zur Führung eines Seekrieges. Seine Schiffe, Seeleute und Rudersklaven waren die besten der Welt und beherrschten seit Jahrhunderten das Mittelmeer. Aber innere Zerrissenheit und engstirnige Gewinnsucht trübten den Blick für die sich anbahnende Entwicklung. Selbst als der Verlauf des Krieges deutlich die Stärke Roms unterstrich, war man sorglos und nachlässig. So wurde Karthago fünfmal (260 v. u. Z., 257/256 v. u. Z., 254 v. u. Z., 250/249 v. u. Z. und 241 v. u. Z.) von einer neuen römischen Flotte überrascht.

Die karthagische Flotte wurde in der Regel nur dann zielstrebig eingesetzt, wenn Karthago durch Rom dazu gezwungen wurde. Sobald dieser Zwang entfiel, mitunter für einen Zeitraum von mehreren Jahren, verfiel die Flotte. Gegen die Entertaktik fand sich kein Rezept, weder in technischer noch in taktischer Hinsicht. Warum Karthago die Enterbrücke nicht selbst einführte, ist nicht klar ersichtlich. Entweder hat man ihre negativen Auswirkungen auf die Seetüchtigkeit der Schiffe rechtzeitig erkannt, oder das Vertrauen zu den eigenen Söldnern fehlte.

Die Flotten beider Parteien spielten im zweiten und dritten Punischen Krieg eine untergeordnete Rolle und lösten fast nur Transportaufgaben.

Der Krieg zwischen den Sklavenhalterstaaten Rom und Karthago dauerte insgesamt 43 Jahre und endete 146 v. u. Z. mit der vollständigen Vernichtung Karthagos, das bis auf seine Grundmauern zerstört wurde.

Dieser Sieg war das Resultat der politischen, ökonomischen und militärischen Überlegenheit Roms über das durch innere Zerrissenheit geschwächte Karthago.

Die römische Flotte nach den Punischen Kriegen

Nach der Niederlage Karthagos war die Flotte Roms fast unumschränkte Beherrscherin des Mittelmeeres. Sie hatte die Truppen, die weit entfernt von Rom kämpften, zu unterstützen und zu versorgen sowie den Kampf gegen das immer mehr um sich greifende Piratentum zu führen. Durch die Fülle der zu lösenden Aufgaben war Rom gezwungen, ständig einen hohen Stand in Ausrüstung, Ausbildung und Gefechtsbereitschaft zu gewährleisten.

Kriegsschiffbau und Taktik entwickelten sich weiter. Hauptursache dafür war die weiterhin zwingende gesellschaftliche Notwendigkeit der Existenz der Flotte, die sich innerhalb der Grenzen der auf Sklaverei beruhenden Gesellschaftsformation entwickelnde materiell-technische Basis des bewaffneten Kampfes zur See sowie die Möglichkeit, den Kommandeursbestand und die Besatzungen kontinuierlich auszubilden und zu vervollkommnen, da solche großen Verluste wie zur Zeit des ersten Punischen Krieges nicht mehr auftraten.

In dieser Zeit unterschieden die Römer zwischen großen, leichten und kleinen Kriegsschiffen. Zu den großen Kriegsschiffen wurden die Bieren, Trieren, Penteren und größere gerechnet. Ein- und Zweireiher, deren Hauptaufgabe die Aufklärung war, gehörten zu den leichten Kriegsschiffen, und die Kriegsboote wurden zu den kleinen Kriegsschiffen gezählt. Außerdem wurden Transportschiffe benutzt. Schwere Flußkähne, die z. B. C. Iulius Caesar (13. Juli 100 v. u. Z.–15. März 44 v. u. Z.) auf den Flüssen Galliens einsetzte und die Pontons (pontones) genannt wurden, gehörten nicht zur Flotte.

Die Schiffsbesatzungen gliederten sich in die Ruderer, Matrosen, Seesoldaten, Unteroffiziere und die Offiziere. Sie leisteten den Treueeid auf den Feldherrn, der sie ausgehoben hatte. Die Ausrüstung der Seesoldaten entsprach der der Legionäre. Lediglich einige Waffen für den Enterkampf wie lange Lanzen, zweischneidige Äxte usw. kamen hinzu. Auch die Ruderer waren bewaffnet und konnten im Notfall in den Kampf eingreifen.

Die Ruderreihen hatten einen Vorsteher, der durch Hammerschläge den Takt für die Ruderer bestimmte. Ebenso gab es Verantwortliche für das seemännische Gut, z B. Masten, Segel, Taue, Ruder usw. Die Steuerleute (gubernatores, magistri navium) waren erfahrene Seeleute, die die jeweiligen nautischen und meteorologischen Gegebenheiten des betreffenden Seegebietes genau kannten. Dem Schiffspräfekten (praefectus navis) unterstanden die Seesoldaten. Der Kapitän des Schiffes nannte sich Navarch (navarchus). Die Flotte wurde gewöhnlich von Konsulen oder Prätoren geführt.

Die großen Kriegsschiffe wurden im Laufe der Zeit immer massiger und schwerer. Sie waren mit eisenbeschlagenen Rammspornen, die sich sowohl über als auch unter Wasser befinden konnten, ausgerüstet. An Deck waren Wurfmaschinen und zwei- bis dreistöckige Türme, welche mit Bogenschützen, teilweise auch mit Wurfmaschinen besetzt waren, aufgestellt. Die Entwicklung der Wurfmaschinen schritt besonders schnell voran. Als sie eingeführt wurden, verschoß man mit ihnen Steine oder Holzblöcke. Archimedes (um 287–212 v. u. Z.) soll eine Wurfmaschine gebaut haben, die 75 kp schwere Steine 120 m schleudern konnte. Später wurden mit den Wurfmaschinen auch größere Weiten erreicht sowie Pfeile, Speere und brennende Stoffe auf den Gegner geschleudert.

All diese Neuerungen fanden ihren Niederschlag in der Taktik. Während des Marsches wurde gewöhnlich die doppelte Kiellinie gefahren. Auf Annäherungskurs zum Gegner wurde der Abstand zwischen den Kiellinien immer mehr verringert und auf Signal eine Gefechtswendung in Richtung des Gegners durchgeführt. Dadurch entstand eine doppelte Dwarslinie. In Abhängigkeit von der Situation wurde der Gegner in doppelter Dwarslinie oder nach Aufschließen der hinteren in einfacher Dwarslinie angegriffen.

Auf das Angriffssignal, das in der Regel mit einer roten Flagge gegeben wurde, begannen die an Bord befindlichen Hornisten auf ihren Instrumenten zu blasen. Die Mannschaften sangen die Schlachthymne zu Ehren von Mars oder Apoll und stimmten Kriegsgeschrei an. Der Navarch jedes Schiffes suchte sich seinen Gegner selbst aus und eröffnete den Kampf mit den Wurfmaschinen und Bogenschützen. Bei weiterer Annäherung kam es zum Melee, dem Schiffsgemenge. Dabei hatte der Rammsporn einen

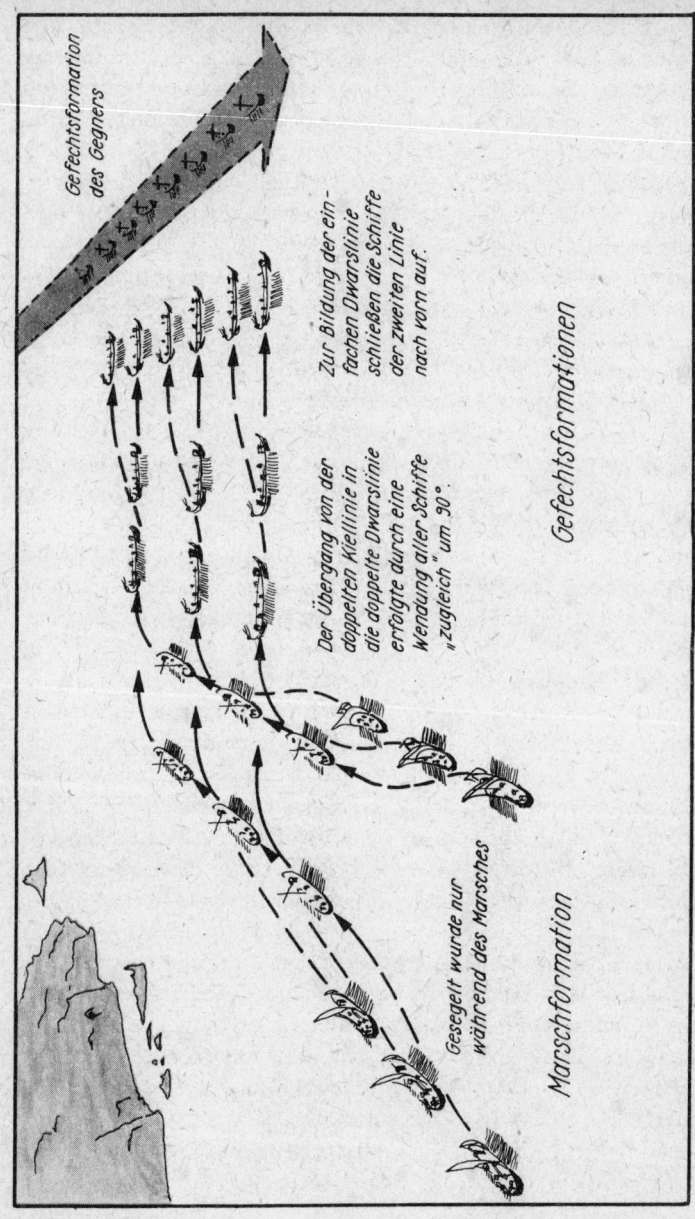

Gefechtsformation des Gegners

Zur Bildung der einfachen Dwarslinie schließen die Schiffe der zweiten Linie nach vorn auf.

Der Übergang von der doppelten Kiellinie in die doppelte Dwarslinie erfolgte durch eine Wendung aller Schiffe "zugleich" um 90°.

Gefechtsformationen

Gesegelt wurde nur während des Marsches

Marschformation

Marsch- und Gefechtsformationen der antiken römischen Flotten großen Teil seiner früheren Bedeutung verloren, obwohl bei sich bietender Gelegenheit auch das Rammen nicht abgelehnt wurde. Das Hauptziel blieb aber das Entern. Gelang das nicht sofort, so versuchte man im Vorbeifahren die Riemen des Gegners zu brechen. Während des Angriffs wurde auch das Streichen der Riemen an einer oder an beiden Bordseiten praktiziert, um entweder das Schiff auf der Stelle zu drehen oder aber, um mit dem gesamten Schiff zur Einnahme einer besseren Ausgangsposition zurückzustoßen. Solange das Schiff des Gegners nicht geentert war, wurde die Beschießung des Schiffes fortgesetzt. Gelang aber erst einmal das Entern, so entschieden die römischen Besatzungen das Gefecht meist zu ihren Gunsten. Der Sieg wurde durch lautes Siegesgeschrei, Musik und durch Bekränzen des Vorschiffes mit Lorbeer gefeiert.

In Abhängigkeit vom Entwicklungsstand der Flotte entwickelten sich auch deren landseitige Einrichtungen. Je größer der Schiffsbestand, desto mehr wurde davon benötigt.

Ostia, als bedeutendste Hafenstadt Roms, nahm eine wechselvolle Entwicklung. In vorgeschichtlicher Zeit ein unscheinbares Fischerdorf, zählte Ostia um die Wende der Zeitrechnung wahrscheinlich mehr als 100 000 Einwohner. In der Zeit des Baus des Portus Augusti verlor Ostia an Bedeutung. Die eigentliche Entwicklung Ostias begann, als Rom die Rolle des Mittelmeeres für die Verwirklichung seiner expansionistischen Bestrebungen erkannte. Im Jahre 267 v. u. Z., als vier Präfekten der Flotte ernannt wurden, bekam einer von ihnen, der «quaestor ostiensis», seinen Sitz in Ostia. Seit dieser Zeit spielte die Stadt eine immer größere Rolle für Rom. Sind uns aus diesen Jahren auch keine Angaben über die landseitigen Einrichtungen der Flotte in Ostia bekannt, so muß doch angenommen werden, daß Werften, Lagerhäuser und Werkstätten vorhanden waren, denn bereits 217 v. u. Z. wurde das römische Heer in Spanien von hier aus versorgt. 215 v. u. Z. liefen aus Ostia 30 Kriegsschiffe in Richtung Tarent aus, und 208 v. u. Z. lagen im Hafen 30 Kriegsschiffe zur Reparatur.

Bereits zu dieser Zeit war Ostia für Rom so bedeutend, daß ihre Einwohner vom Militärdienst befreit wurden. Die Stadt wuchs und erhielt eine Mauer. Später, unter Kaiser Claudius (Kaiser von 41–54 u. Z.), begann man den Hafen mit Molen zu versehen. Da

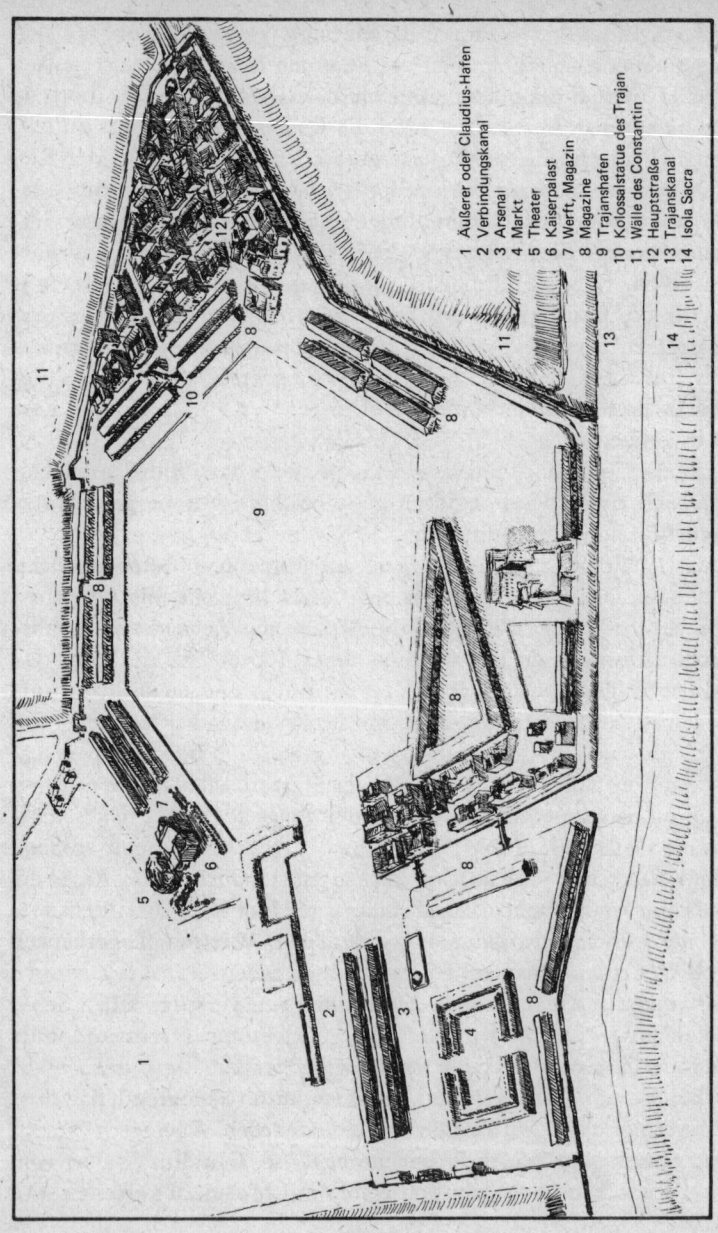

1 Äußerer oder Claudius-Hafen
2 Verbindungskanal
3 Arsenal
4 Markt
5 Theater
6 Kaiserpalast
7 Werft, Magazin
8 Magazine
9 Trajanshafen
10 Kolossalstatue des Trajan
11 Wälle des Constantin
12 Hauptstraße
13 Trajanskanal
14 Isola Sacra

21 *Trajanshafen von Ostia*

die Konstruktion der Molen Ostias nicht genau bekannt ist, soll die Mole von Caligula als Beispiel dienen. Diese Mole wurde aus großen Betonblöcken zusammengefügt. Den Beton gewann man aus Puzzolanerde, die im Wasser steinhart wird und in ausreichender Menge zur Verfügung stand.

Zwischen den Molenköpfen Ostias wurde ein großes Schiff, beladen mit drei Puzzolanerdpfeilern, versenkt. Dieses versenkte Schiff wurde das Fundament einer künstlichen Insel, die als Wellenbrecher diente und einen Leuchtturm erhielt.

Die Kais waren gepflastert, mit Pollern und Kranen ausgerüstet. Zahlreiche Gebäude wie Speicher, Werkstätten und Büros haben den Hafen umsäumt.

War der Hafen auch in baulicher Hinsicht eine Meisterleistung, so entsprach er doch nicht seemännischen Anforderungen. Die umbaute Wasserfläche betrug 70 ha und war weder durch Molen noch durch Stichpiers unterbrochen, so daß es schon bei schwachen Winden zur Ausbildung von Wellen kam. Dadurch wurden viele Unfälle und Schiffsverluste hervorgerufen. Beispielsweise ging 62 u. Z. eine Getreideflotte im Bestand von 200 Einheiten innerhalb des Hafens durch Seegangseinwirkung verloren. Diese Unzulänglichkeiten zwangen zu Beginn des zweiten Jahrhunderts u. Z. zum Bau eines neuen Hafens.

Die Handlungen der Flotten in den römischen Bürgerkriegen (49–45/31 v. u. Z.)

Im Verlauf der Punischen Kriege war Rom politisch, ökonomisch und militärisch erstarkt und konnte nach dem Sieg über Karthago Griechenland sowie das gesamte östliche Mittelmeer unterwerfen. Nordafrika und Spanien gerieten immer mehr unter römischen Einfluß. Im Mittelmeerraum hatte Rom keinen ebenbürtigen Gegner mehr, und das Mittelmeer wurde zum «mare romanum». Für die weitere Entwicklung Roms wurden nicht mehr äußere Konflikte, sondern immer mehr innenpolitische Auseinandersetzungen bestimmend. Einzelne Persönlichkeiten errangen große Macht und begannen mit militärischen Mitteln um die Vergrößerung ihrer Machtpositionen zu kämpfen. Diese Zeit brachte solche Männer wie C. Iulius Caesar, Gaius Octavianus (63 v. u. Z. bis 14 u. Z.), Marcus Aemilius Lepidus (um 89–12 v. u. Z.), Marcus Antonius (um 82–30 v. u. Z.), Sextus Pompeius (73 bis 35 v. u. Z.) und M. Vipsanius Agrippa (64/63–12 v. u. Z.) hervor.

Im Verlauf dieser innenpolitischen Auseinandersetzungen kam es zum sogenannten Bürgerkrieg, in dessen Ergebnis die Republik den längst fälligen Todesstoß erhielt und der Übergang zur Kaiserzeit durch die Alleinherrschaft Octavians abgeschlossen wurde. Doch bevor es dazu kam, mußte sich Octavian mit einer Reihe von Konkurrenten auseinandersetzen.

Anfang November 43 v. u. Z. kam es zur Bildung des 2. Triumvirates, dessen Teilnehmer Antonius, Lepidus und Octavian waren. Sie rissen halboffiziell die Macht an sich und teilten die westlichen Provinzen Roms unter sich auf. In den östlichen Provinzen festigten die Caesarmörder M. Iunius Brutus (85 bis 42 v. u. Z.) und C. Cassius Longinus (bis 42 v. u. Z.), entschiedene Gegner des 2. Triumvirates, ihre Machtpositionen. Im Herbst 42 v. u. Z. fiel die Entscheidung. Der Kampf ging in zwei Schlachten zugunsten des 2. Triumvirates aus. Brutus und Cassius begingen Selbstmord. Nun blieb nur noch Sextus Pompeius, der 43 v. u. Z. vom Senat den Oberbefehl über die römische Flotte erhalten hatte, als letzter und gefährlicher Gegner des 2. Triumvirates übrig.

Sextus Pompeius gelang es, mit seiner Flotte die Seeherrschaft im westlichen Mittelmeer zu erringen sowie Sizilien zu besetzen und damit die Getreidezufuhr nach Rom ernstlich zu gefährden. Die Flotte Octavians war weder stark genug, noch verfügte sie über einen befähigten Führer, um sich mit der Flotte von Sextus Pompeius ernsthaft auseinandersetzen zu können. Eine stärkere Flotte konnte Octavian bauen, aber einen fähigen Kommandeur für seine Flotte hatte er nicht zur Verfügung. Deshalb entschloß er sich, Agrippa, der Oberbefehlshaber der römischen Truppen in Gallien war und über hervorragende militärische Fähigkeiten verfügte, mit dem Kommando über die Flotte zu betrauen. Agrippa besaß, als er die Flotte übernahm, wenig seemännische Erfahrung. Sein militärischer Scharfblick ließ ihn aber immer das Wesentliche erkennen, und im Laufe der Zeit entwickelte er sich zu dem fähigsten Flottenführer, den Rom je hervorgebracht hatte.

Da Ostia als Basierungspunkt für die Schiffe zur Erfüllung der bevorstehenden Aufgaben ungünstig war, ließ Agrippa einen neuen Basierungspunkt, den «Portus Julius», im Lucriner See am Golf von Neapel, bauen. Der Bau des «Portus Julius» war aus zwei Gründen notwendig:

1. Sizilien, das sich in der Hand von Sextus Pompeius befand, war vom Lucriner See wesentlich schneller zu erreichen als von Ostia. Für eine Seelandung, die Agrippa auf Sizilien plante, war das von Vorteil, denn so konnten die Landungstruppen so dicht wie möglich auf dem Landweg an Sizilien herangebracht und in kürzerer Zeit übergesetzt werden. Der neu formierten Flotte traute man eine längere Überfahrt noch nicht zu.

2. Um die Flotte des Agrippa auf eine Auseinandersetzung mit der von Sextus Pompeius vorzubereiten, benötigte man einen speziellen Basierungspunkt, in dem die Flotte gebaut, ausgerüstet, instand gesetzt und die Besatzungen ausgebildet werden konnten.

Da Agrippa wußte, daß die Flotte von Sextus Pompeius über einen wesentlich höheren Ausbildungsstand verfügte als seine, legte er besonderen Wert auf eine harte Ausbildung auf See und an Land. Selbst bei stürmischem Wetter ließ er die Ausbildung auf See fortsetzen, ein für die damalige Zeit ungewöhnlicher Vorgang. Trotzdem konnte er den Ausbildungsrückstand nicht aufholen. Agrippa rechnete nicht damit, daß seine Besatzungen in der Lage waren, den Schiffen die Schnelligkeit der Schiffe des Gegners zu verleihen. Deshalb ließ er seine Schiffe so bauen, daß dieser Nachteil wenigstens etwas ausgeglichen wurde.

Agrippas Schiffe waren hochbordig, um dem Gegner das Entern zu erschweren und das Entern der eigenen Seesoldaten zu erleichtern. Sie verfügten außerdem über eine starke Bordwand und in der Höhe der Wasserlinie über einen Gürtelpanzer aus starken Balken, um gegen den Rammsporn des Gegners besser geschützt zu sein. Darüber hinaus waren die Schiffe mit zerlegbaren, hölzernen Türmen ausgerüstet, die erst kurz vor dem Gefecht aufgestellt zu werden brauchten. Durch diese Neuerung konnte die Seetüchtigkeit der Schiffe während der Überfahrt verbessert, und der erhöhte Standort für die Bogenschützen und Wurfmaschinen beibehalten werden.

36 v. u. Z. war die Flotte des Agrippa gefechtsklar, und der Beginn der Kampfhandlungen wurde auf den 1. Juli festgelegt. Der Kriegsplan sah vor, daß die Flotte Octavians unter dem Befehl Agrippas von Norden, die Flotte des Antonius von Osten und die Flotte des Lepidus von Süden gegen Sizilien vorgehen sollte. Zum vorgesehenen Termin liefen alle drei Flotten aus, aber ein starker südwestlicher Sturm dezimierte die Flotte Agrippas so stark, daß die Überfahrt abgebrochen werden mußte. Die Flotte des Antonius wurde, ohne größere Schäden zu nehmen, nach Tarent zurückgetrieben. Lediglich Lepidus gelang es, an der Westküste Siziliens zu landen und sich dort festzusetzen. So waren die Ziele des Kriegsplanes nicht erreicht. Der immer prekärer werdende Getreidemangel in Rom zwang aber Octavian, entscheidende Schritte gegen Sextus Pompeius zu unternehmen, um die Lage zu entspannen. Deshalb ließ er die Flotte Agrippas in aller Eile wieder instand setzen.

Im August desselben Jahres war die Flotte wieder einsatzbereit, so daß die Handlungen gegen Sizilien fortgesetzt werden konnten. Beiden Seiten war bekannt, daß der Schlüssel zu Sizilien die Stadt Messina war. Darum hatte Sextus Pompeius die besten Einheiten seines Heeres und seiner Flotte bei Messina konzentriert. Direkte Handlungen gegen die Stadt schienen Octavian wegen der von Pompeius vorgenommenen Aufstellung nicht ratsam, so daß sein Kriegsplan diesmal folgende Handlungen vorsah:

1. Die Hauptkräfte der Flotte des Agrippa landen an der Nordwestküste Siziliens.
2. Sein Heer landet an der Nordostküste der Insel.
3. Heer und Flotte des Antonius landen an der Ostküste bei Taormina.
4. Drei Legionen versuchen, unbemerkt bei Messina zu landen.

Bei Annäherung an die sizilianische Küste machte die Aufklärung Octavians große Teile der Flotte des Sextus Pompeius an der östlichen Spitze Siziliens aus. In der Annahme, Sextus Pompeius befinde sich bei seiner Flotte und könne deshalb keinen persönlichen Einfluß auf den Verlauf der Kampfhandlungen in den anderen Teilen der Insel nehmen, faßte Octavian den Entschluß, an der Ostküste zu landen und die feindliche Flotte durch die Schiffe Agrippas an einem Durchbruch zum Landungsabschnitt zu hindern.

Agrippa lief in Richtung der aufgeklärten gegnerischen Flotte, die unter dem Befehl von Demochares stand, und traf sie bei Mylae. Sie war stärker als erwartet, so daß er sich gezwungen sah, Verstärkung anzufordern. Trotz seiner zahlenmäßigen Unterlegenheit wich er einem Gefecht nicht aus. Die leichteren Schiffe des Demochares versuchten sofort, die Gefechtsordnung Agrippas aufzubrechen, indem sie die schweren und wenig manövrierfähigen «schwimmenden Festungen» umkreisten, um die Riemen zu brechen oder zum Rammstoß zu kommen. Aber die Schiffe Agrippas widerstanden, ohne größeren Schaden zu nehmen, den Rammspornen des Gegners. Nicht selten wurden die rammenden Schiffe wesentlich schwerer als die gerammten Schiffe beschädigt. Ein Entern der hochbordigen Schiffe war kaum möglich, eher gelang dies bei den kleineren Schiffen. Die aufgestellten Türme hatten sich ausgezeichnet bewährt, da von ihrer Höhe aus der Gegner leicht und treffsicher beschossen werden konnte. Die Schiffe des Demochares rannten vergeblich gegen die hölzernen Festungen Agrippas an, und als endlich die angeforderte Verstärkung eintraf, ließ Sextus Pompeius das Seegefecht, das er vom Ufer aus beobachtete, abbrechen. Er zog seine Flotte in ein Flachwassergebiet, wohin ihm Agrippa wegen des größeren Tiefgangs seiner Schiffe nicht folgen konnte, zurück. Daraufhin blockierte Agrippa die gegnerische Flotte in diesem Gebiet bis zum Abend, da er damit rechnete, daß Octavian bis zu diesem Zeitpunkt die Landung an der Ostküste Siziliens erfolgreich abgeschlossen haben würde. Er konnte nicht wissen, daß Octavian unter großen Verlusten zurückgeschlagen worden war und sich selbst nur mit großer Mühe auf das italienische Festland rettete.

Im Seegefecht bei Mylae verlor Agrippa fünf Schiffe, sein Gegner hingegen mußte 30 Schiffe aus seiner Flottenliste streichen.

Der Ausgang des Seegefechtes unterstreicht die Bedeutung einer zielstrebigen Vorbereitung der Flotte. Agrippa hatte aus der konkreten Lage die richtigen Schlußfolgerungen gezogen und seine Flotte so ausgebildet und ausgerüstet, wie es zur Erreichung des gestellten Zieles am zweckmäßigsten war. Er hatte die eigenen Möglichkeiten mit dem zu erreichenden Ziel in Übereinstimmung gebracht. Deshalb konnte er aus einer reinen Defensivhaltung, auf die die Besatzungen und Schiffe bestens vorbereitet waren, trotz zahlenmäßiger Unterlegenheit seinem Gegner eine Niederlage beibringen. Demochares hingegen hatte sich weder vor noch während des Seegefechtes auf die konkreten Bedingungen eingestellt und mit einer für diese Situation völlig unzweckmäßigen Taktik versucht, den Sieg zu erringen.

Trotz Octavians Mißerfolg entwickelte sich die Landlage für Sextus Pompeius immer bedrohlicher, so daß er als einzigen Ausweg nur noch ein weiteres Seegefecht sah. Octavian hatte aber bei der für ihn günstigen Entwicklung absolut keine Veranlassung, sich auf ein weiteres Treffen einzulassen. Deshalb, so berichtet die Legende, schickte Sextus Pompeius einen Herold, der Octavian zum Seegefecht herausforderte. An der Ehre gepackt, soll er eingewilligt haben. Sei es, wie es sei, jedenfalls kam es zu einem zweiten Treffen, das am 3. September 36 v. u. Z. fast am gleichen Ort stattfand. Es wurde nach dem kleinen Ort Naulochus benannt. Die Flotten sollen aus je 300 Schiffen bestanden haben. Da aber Agrippas Schiffe größer waren und sich demzufolge mehr Truppen an Bord befanden, war seine personelle Überlegenheit erdrückend. Er verfügte über etwa 120 000 Mann. An den Schiffen hatte sich nichts Wesentliches verändert; die Bewaffnung, besonders die Wurfmaschinen wurden aber in einigen Punkten verbessert. Erstmals wurden brennende Spieße und Pfeile angewendet. Ebenso kam erstmals ein von Agrippa entwickeltes Entergeschoß, Harpax genannt, zum Einsatz.

Dieses Entergeschoß bestand aus einem drei Meter langen Balken, an der Spitze mit einem Enterdraggen versehen. Am Ende des Balkens befanden sich mehrere starke, an Bord des schießenden Schiffes befestigte Leinen. Der Balken war so stark, daß er nur schwer durchtrennt werden konnte. Darum war der Gegner kaum in der Lage, sich von diesem Geschoß zu befreien. Konnte auf dem feindlichen Schiff ein Treffer erzielt werden und hatte sich der Enterdraggen dort festgehakt, so wurde versucht, den Gegner längsseits zu ziehen, um sein Schiff danach zu entern. Agrippa hatte nicht nur die Angriffsmittel verbessern lassen, auch der Verteidigung wurde die gebührende Aufmerksamkeit ge-

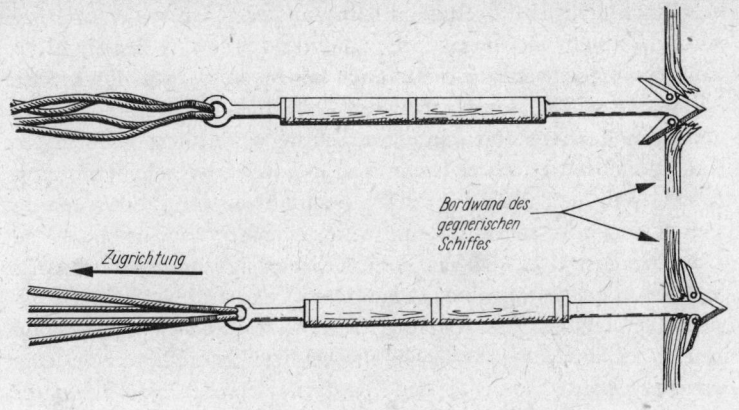

Zugrichtung

Bordwand des gegnerischen Schiffes

Harpax

schenkt. So wurden die Bordwände höher gebaut, um ein Entern des Gegners noch mehr zu erschweren.

Zu Beginn des Seegefechts liefen beide Flotten in Dwarslinie, vermutlich sogar in doppelter Dwarslinie, aufeinander zu. Die Schiffe Agrippas bildeten aufgrund ihrer größeren Masse eine wesentlich kompaktere Linie, was sich beim Aufeinanderprallen sofort bemerkbar machte. Die Flotte des Demochares hatte aus dem Seegefecht bei Mylae nichts gelernt, denn durch diese Dwarslinie beraubte sie sich ihres größten Vorteils, der höheren Manövrierfähigkeit. Als das Entergeschoß eingesetzt wurde, fanden die Besatzungen des Demochares kein Gegenmittel. Der Enterkampf ging fast immer zugunsten der hochbordigen Schiffe Agrippas aus. Als es Agrippas linkem Flügel gelang, dem Gegner in die Flanke zu fallen und danach ihn sogar zu umgehen, war das Gefecht entschieden. Nur 17 Schiffen gelang die Flucht. Damit war das Schicksal von Sextus Pompeius besiegelt. Er floh und kam später im Gefängnis von Milet um.

Die Defensivtaktik Agrippas, die er auch bei Naulochus beibehielt, gepaart mit der Einführung neuer Waffen, entsprach genau der konkreten Lage, nämlich dem ungenügenden Ausbildungsstand seiner Besatzungen.

Zukunft war aber der Defensivtaktik ebensowenig wie den

137

schweren Schiffen beschieden. Um ein Seegefecht oder eine Seeschlacht zu gewinnen, muß dem Gegner das Gesetz des Handelns
aufgezwungen werden. Wenn auch bei Mylae und Naulochus die
schweren Schiffe den Verlauf des Gefechtes bestimmten, so waren doch kleinere und schnellere Schiffe wesentlich besser geeignet, die Initiative zu erringen und aus initiativreichem Handeln
heraus den Sieg über die schwimmenden Festungen davonzutra-
gen. Dazu müssen sie allerdings zweckmäßig bewaffnet und geführt werden, d. h., die Taktik muß diesen Bedingungen angepaßt
werden. Das hatten aber weder Demochares noch Sextus Pompeius verstanden. Agrippa, der mit schweren und damit langsameren und nicht so manövrierfähigen Schiffen zwei glänzende Siege
errungen hatte, begriff es und zog daraus die richtigen Schlußfolgerungen. Eine Leistung, die ihn in eine Reihe mit den fähigsten
Flottenführern der Geschichte stellt.

Die Seeschlacht bei Actium (2. September 31 v. u. Z.)

Der Kampf um die Alleinherrschaft über Rom ging weiter. Da Lepidus 36 v. u. Z. aus dem 2. Triumvirat ausgeschlossen und aller
Machtmittel beraubt wurde, standen sich jetzt nur noch Antonius
und Octavian als Konkurrenten gegenüber. Octavian beherrschte
die westliche und Antonius die östliche Hälfte des römischen Reiches. Alle Versuche zur Minderung der Spannungen zwischen
beiden schlugen fehl, so daß es im Jahre 32 v. u. Z. zum völligen
Bruch kam. Jeder von ihnen verfügte über große ökonomische
und politische Potenzen, die sie im Kampf um die Alleinherrschaft voll einsetzen konnten.

Ohne ausreichende Vorbereitungen begann Antonius, von der
ägyptischen Königin Kleopatra VII. (69–30 v. u. Z.) unterstützt
und begleitet, einen Feldzug nach Westen. Er wollte von Griechenland aus in Italien landen und danach Rom besetzen. Sein
Heer hatte eine Stärke von 100000 Mann Fußvolk und
12000 Mann Reiterei. Die Flotte zählte mindestens 170 Schiffe,
die den Kern bildeten, sowie 200 leichte und schnelle Fahrzeuge
der Kleopatra und rund 300 Transportschiffe. Der Kern der Flotte
des Antonius bestand aus den Schiffstypen, aus denen sich die
Flotte Agrippas in den Seegefechten von Mylae und Naulochus

Römische Dekatere

rekrutiert hatte. Vorrangig handelte es sich um Okteren und Dekateren.

Das Heer Octavians bestand aus 80 000 Mann Fußvolk und 12 000 Mann Reiterei. Die Flotte zählte 260 Einheiten.

Die Flotte Octavians, die wieder unter dem Befehl des bewährten Agrippa stand, war nicht wiederzuerkennen. Agrippa hatte aus den letzten beiden Seegefechten die richtigen Schlußfolgerungen gezogen und die Flotte mit vollkommen neuen Schiffen ausgerüstet. Diese Schiffe waren niedrig, schnell und sehr manövrierfähig. Sie waren nach der Art der Liburnen, ein Schiffstyp des in Illyrien lebenden Seeräubervolkes, den Liburnern, gebaut.

Die Länge betrug etwa 30 m, die Breite 4 m bis 5 m, der Tiefgang etwa 1,0 m und die Wasserverdrängung 80 bis 100 t. Die 34 bis 35 Riemen an jeder Bordseite wurden von je einem Ruderer bedient. Durch etwa 15 Offiziere und 75 Seesoldaten kam eine Besatzungsstärke von rund 160 Mann zusammen. Mit diesen leichten Fahrzeugen konnte man zwar zur Not die Riemen der gegnerischen Schiffe brechen, aber selbst wenn mehrere Liburnen gegen ein Schiff des Antonius handeln würden, war ein Entern der Okteren oder Dekateren aufgrund ihrer Hochbordigkeit sehr schwer, wenn nicht gar unmöglich. Auch ein Rammen war mit diesen leichten Schiffen nicht ratsam, da bereits Mylae und Naulochus gezeigt hatten, daß rammende leichte Schiffe größere Beschädigungen davontragen als die gerammten schweren Schiffe.

Römische Liburne

140

Das berücksichtigte Agrippa und verzichtete von vornherein auf die Ramm- und Entertaktik. Er beabsichtigte, die Kampfdistanz so zu vergrößern, daß auch sein Gegner diese Taktiken nicht anwenden konnte. Er wollte den Kampf nach Möglichkeit nur mit Wurfmaschinen führen, da sich dadurch für ihn wesentliche Vorteile boten. Die Schiffe von Antonius waren aufgrund ihrer Größe und Unbeweglichkeit wesentlich leichter zu treffen als seine kleinen und schnellen Schiffe. Außerdem konnten die Liburnen schneller dorthin verlegt werden, wo sie gebraucht wurden, um somit zur richtigen Zeit und am richtigen Ort ein Kräfteübergewicht über den Gegner zu schaffen. Darüber hinaus konnten die Liburnen den Schlägen des Gegners besser ausweichen als die Okteren und Dekateren. Diesen Überlegungen folgend, wurden die Liburnen mit Wurfmaschinen, die brennende Spieße, Pfeile, Fakkeln, Kohlen und Töpfe mit Pech verschleudern konnten, ausgerüstet. Auch Töpfe mit ungelöschtem Kalk zum Blenden der gegnerischen Mannschaft gehörten zur Ausrüstung.

Die militärischen Auseinandersetzungen begannen im Frühjahr des Jahres 31 v. u. Z. Agrippa handelte auf Antonius' Seeverbindungen mit Ägypten, Syrien und Kleinasien. Es gelang ihm, die Seetransporte seines Gegners empfindlich zu stören, so daß die ohnehin schon schlecht versorgten Truppen des Antonius noch mehr Mangel litten. Bei günstiger Gelegenheit landete er an der gegnerischen Küste, um sie zu verwüsten. Unter anderem besetzte er die Insel Kerkyra. Dadurch wurde Antonius der Möglichkeit zur Landung in Italien weitestgehend beraubt, während Agrippa noch ungestörter handeln und Octavian gefahrlos seine Truppen nach Griechenland übersetzen konnte. Diese Truppen konnten sogar Positionen, die sich 8 km nördlich des Zugangs zur Bucht von Ambrakia, in der sich Heer und Flotte des Antonius befanden, besetzen. Als Antonius davon erfuhr, begab er sich mit seinem gesamten Heer auf das Nordufer der Bucht, nahm aber die von Octavian angebotene Schlacht nicht an. Ein schwerer Fehler, denn so stark konnte er Octavian nicht wieder gegenübertreten, da sich seine Lage aufgrund des mangelnden Nachschubs immer mehr verschlechterte. Seine Flotte ließ er untätig im Hafen von Actium liegen. Octavian und Agrippa hingegen führten aktive Kampfhandlungen durch und gaben die Initiative nicht mehr aus den Händen. In kleineren Treffen fügten sie ihrem Gegner ständig Verluste zu. Agrippa gelang es sogar, die Insel Leukas zu nehmen, wodurch Actium faktisch von See aus blockiert war.

Die Lage des Antonius wurde immer hoffnungsloser, und er entschloß sich, seine Truppen vom Nordufer der Bucht von Ambrakia zurückzunehmen. Er saß, von allen Seiten umfaßt, in einer Falle und mußte, um sich aus dieser Lage zu befreien, eine grundsätzliche Entscheidung über den weiteren Verlauf seiner Kampfhandlungen treffen. Diese Entscheidung konnte nur zugunsten einer Seeschlacht fallen, die bei einem siegreichen Ausgang folgende Ergebnisse gebracht hätte:

1. die Sicherung des dringend benötigten Nachschubs für seine Truppen auf dem Seeweg;
2. die Überführung seiner Truppen nach Italien ohne Störung durch die Flotte Agrippas;
3. die Bedrohung der gegnerischen Seeverbindungen.

Ein Sieg seines Heeres hingegen hätte die Erreichung des Hauptzieles seines Feldzugs, die Besetzung Roms, nicht garantiert, da er einerseits den Nachschub über See nicht realisieren konnte und andererseits die Überführung seiner Truppen auf dem Seewege nach Italien nicht möglich gewesen wäre. Antonius mußte sich auch darüber im klaren gewesen sein, daß eine Niederlage seines Heeres ebenso wie eine Niederlage seiner Flotte eine Weiterführung des Feldzugs unmöglich machen würde. Diese Konsequenzen dürften dem erfahrenen Feldherren durchaus bewußt gewesen sein, und die Variante, daß er von Kleopatra zur Seeschlacht überredet wurde, ist zweifelhaft. Ihre Meinung hat ihn in seinem durchaus richtigen Entschluß wahrscheinlich bestärkt, aber sicherlich nicht dazu gebracht, und wenn doch, muß man sagen, daß Kleopatra die Lage durchaus richtig eingeschätzt hat.

Als die Entscheidung zugunsten einer Seeschlacht gefallen war, entschloß sich Antonius zu einer unverständlichen Maßnahme. Er ließ einen Teil seiner Schiffe verbrennen, um mit den so frei werdenden Leuten die stark dezimierten Besatzungen seiner Eliteschiffe aufzufüllen. Damit beraubte er sich selbst einer eventuell benötigten Reserve und versetzte dem moralischen Zustand seiner sowieso schon stark demoralisierten Soldaten einen schweren

Schlag, da es für die Zurückbleibenden ebenso wie für die Auslaufenden so aussah, als würde die Flotte nicht wieder zurückkehren und die überzähligen Schiffe dem Gegner deshalb nicht in die Hände fallen sollten. Ob Antonius tatsächlich so gedacht hat, ist zumindest fraglich, denn dann hätte er ja von vornherein eine Flucht planen können.

Mit einiger Sicherheit kann man annehmen, daß die bis dahin untätige und sich nun auf den Kampf vorbereitende Flotte aus 170 Schiffen den Antonius und aus 60 Schiffen der Kleopatra bestand. Sie war voll bemannt und hatte zusätzlich 22 000 Legionäre an Bord.

Um die Manövrierfreiheit der Liburnen Agrippas von vornherein einzuschränken, sah Antonius vor, die Schlacht an der engsten Stelle der Bucht von Ambrakia zu liefern. Dieser Plan war eine Fortsetzung seiner bisherigen defensiven Handlungen und basierte auf dem Abwarten der Schläge seines Gegners. Wiederum überließ er Agrippa, wenn auch diesmal nicht ganz freiwillig, die Initiative.

Agrippa verfügte über 260 Einheiten, die zusätzlich mit 34 000 Legionären besetzt waren. Er ging davon aus, daß er die Schlacht nur in offenen Gewässern siegreich gestalten könne, da er nur hier die höhere Manövrierfähigkeit seiner Schiffe, verbunden mit dem massenweisen Einsatz der brandmittelwerfenden Wurfmaschinen, voll auszunutzen vermochte. Deshalb stellte er seinen Abteilungen die Aufgabe, die Flanken der gegnerischen Flotte von den Ufern der Bucht von Ambrakia zu trennen und sie nach Möglichkeit in offenes Wasser zu locken. Erst wenn das gelang, wollte er die Kampfhandlungen eröffnen.

Am 2. September 31 v. u. Z. lagen sich beide Flotten an der engsten Stelle der Bucht von Ambrakia gegenüber. Die Befehlshaber hatten ihre Flotten in Dwarslinie, die aus je drei Geschwadern bestand, entfaltet. Antonius hatte hinter seiner Dwarslinie, in der, wie spätere Berechnungen ergaben, der Seitenabstand zwischen den Schiffen nur 15 m betragen haben kann, die Schiffe der Kleopatra auffahren lassen. Die Kampfhandlungen begannen mit gegenseitigen Beschimpfungen und Herausforderungen. Gegen 11 Uhr konnte das linke Geschwader des Antonius den mündlichen Provokationen der Besatzungen Agrippas nicht mehr wider-

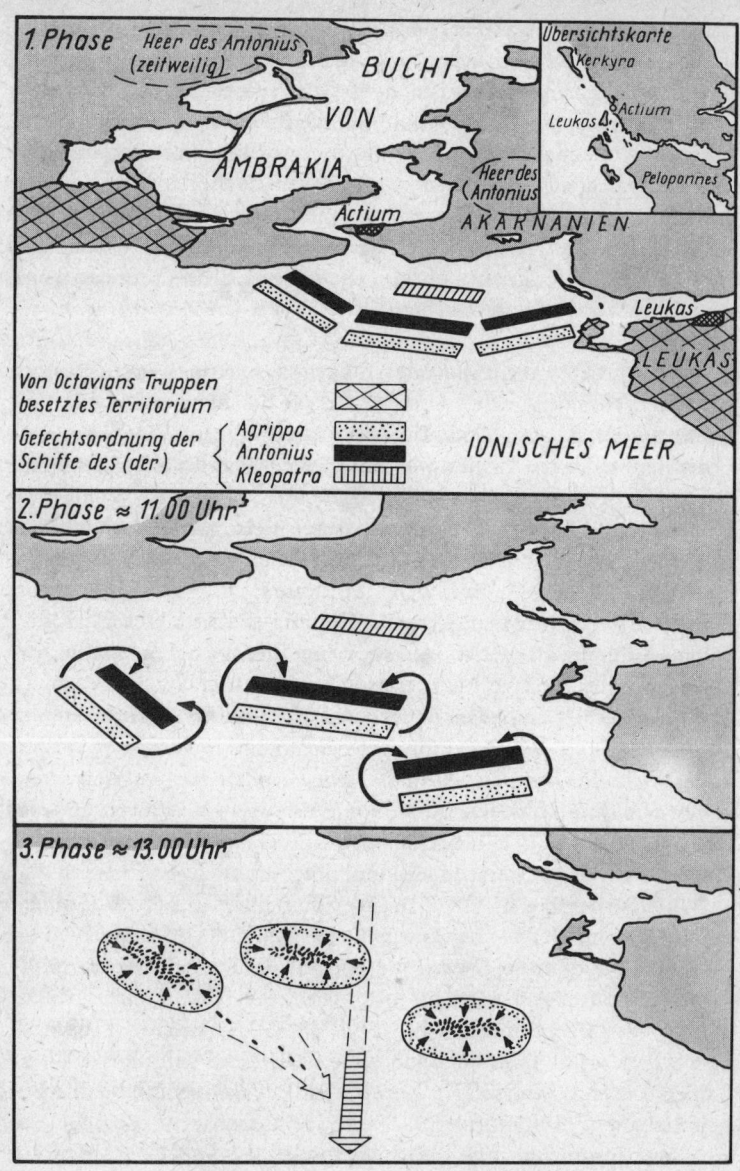

22 Seeschlacht bei Actium (31 v. u. Z.)

stehen und lief seinem Gegner, begünstigt durch Rückenwind, entgegen. Daraufhin zog Agrippa den rechten Flügel seiner Gefechtsordnung zurück und dadurch den linken Flügel des Antonius aus der Enge der Bucht von Ambrakia in Richtung offenes Meer. Bald darauf fuhr auch der rechte Flügel des Antonius auf seinen Gegner zu und löste sich damit ebenfalls vom Zentrum. Damit waren die Flanken aller drei Geschwader des Antonius ungedeckt. Diese Gelegenheit nutzte Agrippa sofort aus und griff mit seiner zahlenmäßig überlegenen Flotte die wesentlich langsameren und schwerfälligeren Schiffe seines Gegners an. Die an allen Seiten auftauchenden und Brandmittel verschleudernden Liburnen hatten nicht nur große Gefechtserfolge, sondern übten auch eine demoralisierende Wirkung auf die Besatzungen der Flotte des Antonius aus. Eine ähnliche Wirkung werden sie auf die bis dahin völlig unbeteiligten Besatzungen der Schiffe der Kleopatra gehabt haben. Auf dem Höhepunkt der Schlacht, gegen 13 Uhr, gab sie an ihre Schiffe den Befehl zum Ablaufen nach Ägypten. Zwischen den kämpfenden Geschwadern hindurchsegelnd, verließ sie, ohne sich auch nur im geringsten um das Schicksal ihres Verbündeten zu kümmern, das Gebiet der Kampfhandlungen. Über die Gründe dieser Flucht sind viele Mutmaßungen angestellt worden. Man warf ihr persönliche Feigheit, Unglaube an den Sieg und ähnliches vor. Sicherlich hat ein Teil von alledem sie zu dieser feigen Flucht bewogen.

Als Antonius diese Flucht bemerkte, geschah das noch Unfaßbarere. Er stieg auf ein im Schlachtgetümmel kaum bemerktes Aviso, und folgte ihr. Er folgte ihr aber nicht, um sie zur Rechenschaft zu ziehen oder um sie zurückzuholen, sondern um mit ihr gemeinsam nach Ägypten zu fliehen.

Trotz der sich leicht vorzustellenden moralischen Wirkung dieser Flucht auf die antonische Flotte, schlossen sich ihr nur wenige Schiffe an. Die meisten kämpften in dem Bewußtsein, daß nur ein Sieg sie retten könne, weiter und stellten erst nach drei bis vier Stunden die Gegenwehr ein. Die meisten Schiffe des Antonius waren auf See verbrannt, einige genommen. Nur wenigen gelang es, nach Actium zurückzukehren.

Einige Wochen später ergab sich auch das führerlos gewordene Heer.

Die Seeschlacht bei Actium läßt eine Reihe von Schlußfolgerungen zu:

1. In ihr wurde die Überlegenheit kleiner, schneller, gut bewaffneter und geführter Schiffe über die hölzernen Festungen eindeutig bewiesen. Selbst wenn die geschlossene Dwarslinie des Antonius nicht durch die Nervenschwäche einiger unterstellter Kommandeure zerrissen worden wäre, hätten die kleinen Liburnen den Sieg davongetragen, denn irgendeinmal hätte Antonius diese Position, sei es zum Einlaufen oder zum Durchbrechen der Linien Agrippas, aufgeben müssen. Selbst ein geschlossenes Vorrücken hätte seine Flanke entblößt und Agrippa die Möglichkeit gegeben, die Schiffe des Antonius in der Flanke und von hinten anzugreifen. So mußte jede Positionsveränderung zur Niederlage des Antonius führen. Nur ein Sturm hätte die kleinen Liburnen zum Einlaufen zwingen können.

2. Das Hauptverdienst an dem Sieg bei Actium trägt ohne Zweifel Agrippa. Er, als einer der wenigen, wenn nicht gar der einzige Römer, der je die Problematik der Führung von Seekriegen verstanden hat, bestimmte den strategischen Einsatz und die Taktik seiner Flotte richtig. Die Vorbereitung der Flotte auf die bevorstehenden Kampfhandlungen kann noch heute als ein Beispiel für Weitsicht und Sorgfalt gelten. Es zeugt von seinem Verständnis für die technische und taktische Entwicklung, wenn er den Schiffstyp, mit dem er vor fünf Jahren zwei Seegefechte gewann, nicht mehr einsetzte, dafür aber ähnliche Schiffe, die er in jenen Gefechten vernichtend geschlagen hatte, bauen ließ, um mit ihnen zu siegen. Agrippa hatte begriffen, daß die leichten Liburnen allein keinen Sieg erringen können, daß aber ihre Schnelligkeit und Manövrierfähigkeit in Verbindung mit weit geschleuderten Brandmitteln sie jeder hölzernen Festung überlegen machten.

Diese Erkenntnis, verbunden mit der Tat, verdient höchste Bewunderung.

3. Zwischen dem Ausbruch der Kampfhandlungen und der Seeschlacht bei Actium lag ein volles Jahr. Diese Zeit wurde von Agrippa tatkräftig genutzt, indem er

– auf den Seeverbindungen seines Gegners aktive Kampfhandlungen durchführte und dadurch die Seetransporte auf ihnen fast gänzlich unterbrach,

– die gegnerische Küste verwüstete und dadurch zumindest teilweise den Landtransport seines Gegners gefährdete,

– so wichtige Inseln wie Kerkyra und Leukas besetzte und dadurch die Flotte des Antonius in Actium faktisch blockierte, womit Octavian die Möglichkeit erhielt, seine rund 90 000 Mann gefahrlos nach Griechenland überzuführen, und

– die Seeherrschaft im betreffenden Gebiet ständig behauptete.

4. Als es zur Seeschlacht kam, verfiel Agrippa nicht in den Fehler, gegen die feste Stellung seines Gegners, der sich mit beiden Flügeln auf das Ufer stützte und deshalb weder in den Flanken angegriffen noch umgangen werden konnte, anzurennen. Er sprengte die gegnerische Linie nicht durch Kraft, über die er auch nicht verfügte, sondern durch List und Ausdauer. Daß dazu ein gut organisiertes Zusammenwirken zwischen Flotten- und Geschwaderchefs notwendig war, liegt auf der Hand. Dieses Zusammenwirken wurde im Verlaufe der Kampfhandlungen, die der Seeschlacht vorausgingen, trainiert und erreichte in der Seeschlacht eine hohe Vollendung.

5. Antonius machte keine Versuche, mit seiner Flotte aktive Kampfhandlungen gegen Agrippa zu führen. Dadurch überließ er seinem Gegner die Initiative, erlitt unnötige Verluste, und der Ausbildungsstand sowie die Moral seiner Besatzungen sank. In der Seeschlacht selbst konnte er die althergebrachten Taktiken, wie die Rammtaktik und die Entertaktik, nicht mehr anwenden. Für Antonius waren sie unmöglich, da er an die wesentlich schnelleren Schiffe Agrippas nicht herankam, und für Agrippa waren sie sinnlos, da er damit gegen die wesentlich schwereren Schiffe des Antonius nichts ausrichten konnte.

6. Die Seeschlacht bei Actium ist ein entscheidender Meilenstein auf dem Weg zur Vergrößerung der Kampfdistanz. Der Sieg wurde vorrangig durch die mit den Wurfmaschinen verschleuderten Brandmittel errungen. In den wenigsten Fällen kam es zum Rammen oder Entern.

Der Kampf um die Alleinherrschaft in Rom war entschieden und der Römischen Republik der Todesstoß versetzt. Der Übergang von der republikanischen zur monarchischen Staatsform im

Rahmen der auf Sklaverei beruhenden Gesellschaftsformation war damit faktisch abgeschlossen. Es handelte sich hierbei um einen notwendigen Wechsel der Staatsform, der aber nichts am Staatstyp veränderte. Der Staat blieb nach wie vor ein Staat der Sklavenhalter. Die Gesellschaftsformation blieb erhalten. Dieser Wechsel wurde durch das ständige Anwachsen der Produktion notwendig, was den Differenzierungsprozeß der Gesellschaft beschleunigte. Die republikanische Staatsform war nicht mehr in der Lage, die Forderungen der herrschenden Klasse zu erfüllen.

Mit Actium hat die römische und damit die antike Seekriegsgeschichte ihren Abschluß gefunden. Rund 250 Jahre hallte kein Lärm großer Seeschlachten mehr über das Mittelmeer. Die römische Kriegsflotte bestand aber noch eine Zeitlang fort und setzte sich unter Augustus aus zwei stehenden Flotten zusammen. Eine lag im Adriahafen Ravenna und die andere an der Westküste Italiens, in Misenum. Diese Flotten erfüllten nur noch Transportaufgaben und setzten sich hin und wieder mit Piraten auseinander. Einen ebenbürtigen Gegner konnten sie nicht finden, da die unumschränkte Herrschaft Roms das Mittelmeer zu einem «mare romanum» machte und die Möglichkeiten des Entstehens eines solchen Gegners zu dieser Zeit ausgeschlossen war. Aufgrund mangelnder Aufgaben verfiel die römische Kriegsflotte immer mehr. Einen solchen Stand wie unter Agrippa brauchte und konnte sie nicht mehr erreichen, da die gesellschaftliche Notwendigkeit der Existenz einer schlagkräftigen Flotte nicht mehr gegeben war.

Der Kampf Roms gegen die Piraten

Eine besondere Rolle in der Geschichte der Seefahrt im allgemeinen und Roms im besonderen spielte die Piraterie. Sie entstand mit der Seefahrt, entwickelte sich mit ihr und existiert heute noch.

Die Motive für die Piraterie waren unterschiedlicher Natur. Sie hatten aber immer tiefe gesellschaftliche Ursachen, die in der ökonomischen Notlage Einzelner, ganzer Gruppen oder Völker begründet lagen. Bittere Not hat viele von ihnen zu Piraten gemacht. So kennen wir ganze Völker, die unter der Führung ihrer Könige oder Fürsten von der Piraterie lebten, sowie gestrandete Existenzen, die nur als Piraten ihren Lebensunterhalt bestreiten konnten.

Beispielsweise tauchten im zweiten Jahrtausend v. u. Z. im Mittelmeerraum neue, sich auf der Suche nach Siedlungsgebieten befindende Völker auf. Sie drangen bis nach Kreta und darüber hinaus bis nach Kleinasien vor, von wo sie die dort lebenden Einwohner vertrieben. Bis sie sich ansiedeln konnten, betrieben sie, um leben zu können, Piraterie. Hatten sie sich aber erst angesiedelt oder fanden eine andere ökonomische Existenzgrundlage, gaben sie die Piraterie bald auf. Ein Beispiel dafür sind die Philister, welche mehr als ein Jahrhundert von Ort zu Ort, nur von Beute lebend, umherzogen, bevor sie sich an der syrischen Küste festsetzen konnten. Nachdem sie dort seßhaft geworden waren, stellten sie die Piraterie ein.

Im frühen Altertum wurde die Piraterie selten durch das Kapern von Schiffen auf See, also durch Seeräuberei, betrieben. Verbreiteter war Küstenraub. Man landete überraschend und plünderte ein Gehöft, ein Dorf oder gar eine Stadt aus. Die ihr Hab und Gut verteidigenden Männer wurden erschlagen, die Frauen und Kinder in die Sklaverei verkauft.

Mit der weiteren Entwicklung der Produktivkräfte machte sich ein Warenaustausch notwendig, der aufgrund der geographischen Gegebenheiten des Mittelmeerraumes über See abgewickelt werden konnte. Der Wert der Handelsschiffe stieg dadurch immer mehr, so daß sich die Piraterie mit der Zeit auf den Seeraub konzentrierte. War der Küstenraub, da man überraschend auf einen überlegenen Gegner stoßen konnte, immer mit gewissen Gefahren verbunden, so sank das Risiko bei einem Angriff auf ein Handelsschiff beträchtlich, da es in der Regel nie stark bemannt war und nur selten von Kriegsschiffen eskortiert wurde.

Die Seeräuberei griff im Verlauf der Zeit immer mehr um sich, so daß ein geordneter Warenaustausch gefährdet wurde und zeitweilig sogar zum Erliegen kam.

Lange Zeit galt die Piraterie als ehrenvoll, wenn sie sich nicht gegen die eigenen Landsleute oder gegen Verbündete richtete. Sie war höher geachtet als die Arbeit eines Handwerkers oder

Bauern. Diese Einstellung war besonders bei den Griechen anzutreffen. So sind Fälle bekannt, in denen sich Staaten der wetterharten und seeerfahrenen Piraten zur Durchsetzung ihrer Kriegsziele bedienten.

Während des Griechisch-Persischen Krieges dienten in verschiedenen griechischen Flotten Piraten, die nach Beendigung des Krieges, da sie keine andere Erwerbsquelle finden konnten, ihrer alten Beschäftigung wieder nachgingen und damit einer weiteren Entwicklung des Handels im Wege standen. Solche Städte wie Athen, Korinth und Kerkyra hatten natürlich im Frieden für die Piraten keine Verwendung und waren an dem Schutz ihrer Seeverbindungen interessiert. Deshalb bekämpften sie die Piraten in dieser Zeit erbittert. Es gelang sogar, das Piratenunwesen etwas zurückzudrängen.

Als der Peloponnesische Krieg ausbrach, nahm Sparta wiederum Piraten in Dienst, die auf die spartanische Flotte einen äußerst negativen Einfluß ausübten. Viele ihrer Grausamkeiten wurden von den spartanischen Besatzungen übernommen. So wurde die Kriegsflotte im Kriege zum Sammelbecken der Piraten. Im Frieden aber wurden die Piraten aus der Kriegsflotte entlassen, so daß die Piraterie wieder aufblühte. So gesehen, war die Kriegsflotte einerseits Schule der Piraten und andererseits Machtinstrument zu ihrer Bekämpfung.

Dieses Wechselspiel nach den Kriegen, Aufschwung der Piraterie und Versuch ihrer Zurückdrängung, wiederholte sich ständig. Meistens blieben dabei die Piraten Sieger, und es gelang ihnen nicht selten, ganze Seegebiete zu beherrschen. Sie waren sogar in der Lage, Staaten zu vernichten und Staaten zu gründen.

Zum Zentrum der Piraten bildeten sich in der ersten Hälfte des ersten Jahrhunderts v. u. Z. die Küste Kleinasiens und die Ägäischen Inseln heraus. Von hier aus drangen sie regelmäßig in den westlichen Teil des Mittelmeeres ein, verwüsteten ganze Küstenstriche Siziliens und Italiens und verkauften die Gefangenen, unter denen sich auch Römer befanden, in die Sklaverei.

Zu dieser Zeit unterhielt Rom ständige Seeverbindungen mit seinen Küstenprovinzen. Aufgrund der Tributpflicht der unterworfenen Völker wurden auf ihnen hauptsächlich Importgüter für Rom transportiert. Der Export war sehr beschränkt und kaum nennenswert. Dieser Umstand machte Rom von seinen Seeverbindungen abhängig, und eine Unterbrechung mußte empfindliche Folgen haben. Den Piraten gelang es, die Seeverbindungen Roms mit Ägypten zu stören und zeitweilig sogar zu unterbrechen, wodurch der Getreideimport fast zum Erliegen kam.

Die Folge davon waren steigende Getreidepreise und Hungerrevolten in Rom. Da die Piraten im westlichen Mittelmeer immer zahlreicher wurden, waren fast alle Seeverbindungen von und nach Ostia, dem Hafen Roms, ernsthaft gestört. Die Piraten besaßen sogar die Kühnheit, in den Hafen von Ostia einzudringen und die dort zur Ausrüstung liegende und gegen sie bestimmte Flotte zu vernichten. Die stark zerrüttete Wirtschaft und der bohrende Hunger zwangen Rom, seine Anstrengungen zur Eindämmung der Piraterie zu verstärken. In dieser Zeit prägten die Römer die Worte: «Pirata hostis humani generis» – Piraten sind Feinde der gesamten Menschheit.

Die ersten wesentlichen Erfolge konnte der Prokonsul Publius Servilius Vatia verbuchen. Drei Jahre lang, von 78 bis 76 v. u. Z., führte er einen hartnäckigen Kampf gegen die Piraten, schlug sie zur See, vernichtete eine große Anzahl ihrer Schiffe und erstürmte ihre Städte und Burgen in Lykien, Pamphylien, Kilikien und Isaurien. Für seine Verdienste wurde er mit einem Triumphzug geehrt.

Da die Aktionen gegen die Piraten aber nur sporadisch durchgeführt wurden und keinen systematischen Charakter trugen, dauerte es nicht lange, und sie waren mächtiger als je zuvor.

Daraufhin bekam im Jahre 75 v. u. Z. Marcus Antonius (der Ältere) «die Herrschaft über alle unter römischer Hoheit stehenden Seeküsten» übertragen. An dieser bis dahin noch nie einem Römer übertragenen Vollmacht ist die Bedrohung Roms deutlich zu erkennen. Marcus Antonius kämpfte fünf Jahre gegen die Piraten und richtete nichts aus. 70 v. u. Z. stellte die römische Flotte ihre Handlungen gegen sie ein. Die Piraten hatten zu dieser Zeit den Höhepunkt ihrer Macht im Mittelmeer erreicht. Mehr als 1000 gut gebaute und bemannte Fahrzeuge fuhren unter der Piratenflagge und konnten jederzeit in rund 400 Städten Unterschlupf finden. Das Zentrum der Piraten war Coracesium an der Grenze zwischen Kilikien und Pamphylien. Diese Macht konnte man nur durch einen regelrechten Krieg und nicht durch vereinzelte und voneinander isolierte Aktionen vernichten. Die vielen Mißerfolge lehrten, daß diesen Krieg nur ein hervorragender Führer mit weitestgehenden Vollmachten siegreich führen konnte. Den hervorragenden Führer fand Rom in Cn. P. Magnus Pompeius (106–48 v. u. Z.), zu den Vollmachten mußte man sich schweren Herzens durchringen. So erhielt Pompeius im Jahre 67 v. u. Z. bis zu 500 Schiffe, 120000 Mann Fußvolk, 5000 Reiter, die Macht über das gesamte Mittelmeer und einen 75 km breiten Küstenstreifen, 6000 Talente Silber, die freie Verfügung über den Staatsschatz und die Befugnis, alle seine Unterbefehlshaber selbst zu benennen. Diese an den Grundfesten der Römischen Republik rüttelnden Vollmachten hatten drei Jahre Gültigkeit.

Der Seeräuberkrieg bot in taktischer Hinsicht keine bemerkenswerten Einzelheiten und Neuerungen, ist aber in strategischer Hinsicht von einigem Interesse. Wurden bisher die Piratenstädte und -schiffe nacheinander bekämpft, wodurch die Piraten die Möglichkeit hatten, mit ihren Kräften zu manövrieren und den Schlägen der Römer auszuweichen, so handelte Pompeius nach einem anderen Plan. Er teilte das Mittelmeer in 13 Gebiete ein und entschloß sich, zuerst die Gebiete des westlichen Mittelmeeres zu säubern. In jedes dieser Gebiete entsandte er ein schlagkräftiges Geschwader seiner Flotte. Er selbst hielt sich mit 60 der schnellsten und kampfstärksten Schiffe in Bereitschaft, um dort einzugreifen, wo seine Hilfe am notwendigsten gebraucht wurde. In 40 Tagen war der Westteil des Mittelmeeres von Piraten, die aufgrund der Strategie des Pompeius keine Ausweichmöglichkeiten hatten, gesäubert. Nach dem gleichen Prinzip wurde in 49 Tagen der Ostteil des Mittelmeeres von Piraten befreit.

Während dieses «Krieges» wurden rund 10000 Piraten getötet oder gefangengenommen, 120 Piratenstädte oder -burgen zerstört und mehr als 800 Schiffe erbeutet. Diese Zahlen belegen eindeutig die gewaltige Macht der Piraten sowie die Gefahr, die sie für die Entwicklung und den Fortbestand der Römischen Republik darstellten.

Natürlich war nach dem Abschluß des Vernichtungsfeldzuges des Pompeius das Piratenunwesen im Mittelmeer nicht völlig beseitigt. Caesar und Augustus hatten noch gegen die Piraten zu kämpfen, und römische Wachschiffe mußten nach wie vor in Ravenna und Misenum stationiert bleiben. Trotzdem herrschte in den folgenden Jahrhunderten eine relative Sicherheit vor Piratenüberfällen. Als aber die römische Seemacht verfiel, errangen die Piraten aufs neue die Herrschaft im Mittelmeer.

Schlußbetrachtungen
zur Entwicklung der Seekriegskunst
in der Antike

Die Kriegskunst im allgemeinen und die Seekriegskunst im besonderen entwickelten sich in der Antike im Verlauf einer Vielzahl von Kriegen weiter. Dabei wird besonders der Einfluß der Ausrüstung und Bewaffnung der kämpfenden Seiten auf die Entwicklung der Seekriegskunst deutlich, da sie, als die materiell-technische Bais des bewaffneten Kampfes, seine Formen und Methoden wesentlich mitbestimmt. Diese Formen und Methoden dokumentieren sich in der Taktik und im strategischen Einsatz der Kriegsflotten, welche sich wiederum fordernd auf die Ausrüstung und Bewaffnung auswirken, ein Prozeß, der bis heute anhält.

So entwickelten sich die Kriegsschiffe der antiken Flotten in einem langen Zeitraum von der Monere über die Diere und Triere sowie verschiedener Polyeren bis zur Liburne. Unter berechtigter Vernachlässigung der Monere und Diere kann die Triere als die erste Generation der antiken Kriegsschiffe bezeichnet werden. Sie bestimmte über Jahrhunderte das Bild der griechischen Flotten und stand an der Wiege der Flotte Roms. Um die Schiffe stärker zu bewaffnen und vor allem ihre Standkraft zu erhöhen, wurden die verschiedensten Polyeren entwickelt, die die zweite Generation der antiken Kriegsschiffe darstellten. Die Polyeren wurden im Verlauf der Zeit größer, massiger und schwerer, bis sie so unbeweglich waren, daß sie nur noch defensiv eingesetzt werden konnten. Diese Situation zwang zum Bau eines prinzipiell neuen Kriegsschifftyps, der in der Lage war, wieder offensive Kampfhandlungen durchzuführen. Dieser Typ wurde in der Liburne, die die dritte Generation antiker Kriegsschiffe verkörperte, gefunden.

Diese Entwicklung zeigt deutlich, daß auch in der Antike offensiven Kampfhandlungen der Vorzug gegeben wurde, denn nur sie gewährleisten die Erringung bzw. Behauptung der Initiative, die die Grundvoraussetzung für den Sieg ist. So gesehen, waren die Polyeren in der Spätphase ihrer Entwicklung nur scheinbar eine Fehlentwicklung. Sie waren aber eine der Voraussetzungen für die weitere Entwicklung der Schiffsbewaffnung, die sich gleichzeitig mit der der Kriegsschiffe vollzog.

Waren die Moneren, wenn man von den Hieb- und Stichwaffen der Besatzungen absieht, in der Regel unbewaffnet, so war mit der Triere der Rammsporn als Hauptbewaffnung untrennbar verbunden. Durch ihn war man in der Lage, das gegnerische Schiff vor dem Entern zu beschädigen, wodurch gewöhnlich ein Teil der feindlichen Besatzung ausfiel und nicht mehr in den Enterkampf eingreifen konnte. Gelang das Entern nach dem Rammen nicht, so hatte das beschädigte Schiff doch einen Teil seines Kampfwertes eingebüßt und konnte nicht mehr alle Gefechtsaufgaben erfüllen. Ein gut angebrachter Rammstoß konnte sogar zur Vernichtung des Gegners führen, so daß sich ein Entern erübrigte. Wenn der Rammsporn auch zeitweilig in den Hintergrund gedrängt wurde oder sogar völlig seine Bedeutung verlor, blieb er doch über viele Jahrhunderte die dominierende Waffe der antiken Kriegsschiffe.

Durch die Enterbrücke war das Schiff nicht mehr Waffe, sondern wurde zum Waffenträger. Dadurch erlangte es mehr Manövrierfreiheit. Der Angreifer wurde beweglicher und ein Angriff aus allen Kurswinkeln möglich. Konnte der Angegriffene beim Rammen den Zusammenstoß mit dem Angreifer noch zeitlich und örtlich berechnen, so war das beim Einsatz der Enterbrücke nicht mehr so präzise möglich. Die Distanz zwischen den sich bekämpfenden Schiffen konnte auf neun bis zehn Meter vergrößert werden. Trotz dieser Vorteile wurde die Enterbrücke nur etwa 15 Jahre eingesetzt. Das Unvermögen, ihren negativen Einfluß auf die Sicherheit des Schiffes zu beseitigen, zwang dazu, sie aus der Bewaffnung zu nehmen.

Die Wurfmaschine dominierte aber eindeutig, als Munition und Schiff auf sie abgestimmt waren.

Sie gab dem Schiff eine noch größere Manövrierfreiheit als die Enterbrücke, wodurch es in der Schlacht aktiv handeln konnte und die Flotte wieder in die Lage versetzt wurde, offensiv gegen ihren Gegner vorzugehen.

Schiff und Waffe, als ein wesentlicher Teil der materiell-technischen Basis des bewaffneten Kampfes auf See, beeinflußten die Taktik der Kriegsflotten der Antike. Jede wesentliche Veränderung dieser Basis mußte zur Veränderung der Taktik führen. Ging man zuerst längsseits, um durch Hinüberspringen das gegnerische Schiff zu entern, so versuchte man, durch den Rammsporn den Gegner zumindest zu beschädigen, um ihn danach zu entern. Die Enterbrücke letztlich auch die Wurfmaschine hatten nur das eine Ziel, das gegnerische Schiff zu entern. Die Taktik der antiken Flotten war prinzipiell die Entertaktik, die sich nur in sich selbst weiterentwickelte.

Das Entern war darum das Hauptziel, weil es darauf ankam, den Gegner physisch zu vernichten, was hauptsächlich nur im Kampf Mann gegen Mann geschehen konnte, oder aber den Gegner gefangenzunehmen, um ihn danach in die Sklaverei zu überführen. Eine Vernichtung der Kampfmittel reichte nicht aus, denn man mußte damit rechnen, daß der nicht getötete oder gefangengenommene Gegner an anderer Stelle und zu anderer Zeit wieder auftrat. Diese Möglichkeit war in der Antike fast immer gegeben, da die Seegefechte oder -schlachten in der Regel in Ufernähe ausgetragen wurden und sich der geschlagene Gegner an Land retten konnte. Das ist auch einer der Gründe dafür, daß sich meistens mehr oder weniger große Abteilungen des Heeres während der bewaffneten Auseinandersetzungen auf See am entsprechenden Küstenstreifen aufhielten. Diese Abteilungen hatten unter anderem die Aufgabe, den an Land gelangten Gegner entweder zu töten oder gefangenzunehmen bzw. die eigenen Leute zu retten. Als Beispiel hierfür kann Salamis, Naupaktos, Mylae, Naulochus und Actium dienen. Weiterhin muß beachtet werden, daß die Kampfmittel in relativ kurzer Zeit wieder ersetzt werden konnten.

Den entscheidenden Einfluß auf die Taktik übt – damals wie heute – der Mensch aus, er legt letztlich fest, in welche Richtung sich die Taktik entwickelt, und er versucht, seine Erkenntnisse in der militärischen Praxis zu verwirklichen. Aber der Mensch ist an die konkreten materiellen Bedingungen seiner Zeit gebunden, und wenn er sie nicht beachtet, wird er, wie Mylae, Naulochus und Actium beweisen, keinen Erfolg erringen.

Anhand der Seeschlachten von Eknomos und Actium läßt sich die Entwicklung des Kriegsschiffbaus, der Schiffsbewaffnung und der Taktik in der Antike über einen Zeitraum von 225 Jahren gut verfolgen. Die Auswahl dieser Seeschlachten bot sich deshalb an, da beide strategischen Charakter trugen. Bei Eknomos ging es um die Übertragung von Kampfhandlungen auf einen anderen Kontinent bzw. um die Verhinderung dieser Übertragung. Bei Actium ging es um die Beherrschung der Weltmacht Rom. Daß an der Seeschlacht bei Actium 190 Schiffe weniger als bei Eknomos teilnahmen, änderte nichts am Charakter beider Treffen, da unter den gegebenen Umständen die teilnehmenden Kräfte zur Erreichung des jeweiligen Zieles ausreichten.

Betrachtet man die Gefechtsformationen, so läßt sich keine Weiterentwicklung erkennen. Schließt man den anfangs gefahrenen Keil der Römer bei Eknomos einmal aus, so ergibt sich folgendes Bild: In beiden Treffen kam die Dwarslinie zur Anwendung. Sie wurde von einzelnen Geschwadern unter einem eigenen Kommandeur gebildet. Das zeugt von einem relativ hohen Stand der Gefechtsorganisation, zumal alle Geschwader ihre Gefechtsaufgaben selbständig oder sogar im Zusammenwirken lösten. Das Zusammenwirken wurde vor den Kampfhandlungen organisiert, konnte aber aufgrund der mangelhaften Nachrichtenmittel nur bis zu einem bestimmten Zeitpunkt aufrechterhalten werden. Kam es zur Gefechtsberührung, ging die Führung in der Flotte meist verloren. Die Führung innerhalb eines Geschwaders konnte länger aufrechterhalten werden, ging aber, sobald es zum Melee kam, ebenfalls verloren.

Die fehlende Führung mußte durch den Überblick und die Initiative der unterstellten Kommandeure kompensiert werden. Dies gelang um so besser, je gründlicher die Vorbereitung des Kommandeurbestandes auf die Seeschlacht durchgeführt wurde. Den Römern gelang bei Eknomos aufgrund der größeren Übersicht, dem besseren Verständnis für den Verlauf der Kampfhandlungen und der moralischen Überlegenheit der unterstellten Kommandeure die Initiative, die zuerst bei den Karthagern lag, zu erringen.

Die gleiche Feststellung läßt sich in bezug auf Actium treffen. Die Geschwaderkommandeure Agrippas kannten nicht nur den Schlachtplan ihres Befehlshabers, sie verstanden ihn auch und konnten ihn mit Leben erfüllen.

Wenn man davon absieht, daß die Römer im Verlauf von 225 Jahren die Seekriegskunst begriffen und auch mit der Zeit in der Lage waren, sie in die Praxis umzusetzen, so hat sich in den Fragen der Gefechtsorganisation, der Organisation des Zusammenwirkens und der Führung der Kräfte nichts Wesentliches geändert.

Wesentliche Veränderungen vollzogen sich aber im Kriegsschiffbau und in der Schiffsbewaffnung. Wurden bei Eknomos noch relativ leichte Polyeren, also die zweite Generation der Kriegsschiffe der Antike, die sich noch in der Anfangsphase ihrer Entwicklung befanden, eingesetzt, so standen sich bei Actium die zweite Generation in der Spätphase ihrer Entwicklung sowie die dritte Generation der antiken Kriegsschiffe gegenüber. Bei Eknomos standen sich Rammsporn und Enterbrücke und bei Actium Rammsporn und Wurfmaschine gegenüber. In beiden Fällen setzten sich die moderneren Mittel des bewaffneten Kampfes durch. Das konnte aber nur geschehen, da sie qualitativ und quantitativ richtig eingesetzt wurden. So wird auch durch die Kampfhandlungen, die in der Antike auf See geführt wurden, sichtbar, daß im Militärwesen dem Menschen das Primat gehört.

Kleines Lexikon

Achtersteven – über die Wasserlinie herausragende Verlängerung des Kiels nach hinten.

Akropolis (griech., «Hochstadt») – burgähnliche Anlage griechischer Siedlungen. Meist auf Anhöhen gelegen. In der A. befanden sich oft die ältesten Heiligtümer der Siedlung.

Altorientalische Klassengesellschaft – historisch älteste Form der Klassengesellschaft. In ihr wirkten teilweise noch urgesellschaftliche Traditionen. Für die A. K. sind die Entwicklung auf dem Gebiet der Metallurgie, eine weitere handwerkliche Spezialisierung, die Ausdehnung der Handelsbeziehungen, die Nutzung erster wissenschaftlicher Erkenntnisse der Mathematik und Astronomie zur Erweiterung der Produktivkräfte und vor allem die Ausbildung großer Kooperationen, die produktivere Methoden der Bodenbewirtschaftung und die Vervollkommnung der Arbeitsorganisation gestatten, kennzeichnend.

Apoll – griechischer Gott (Apollon). Sohn des Zeus und der Leto. Gott der Künste, besonders der Musik und des Gesangs. Herr der Musen. A. sollte Übel abwehren, Ackerbau und Viehzucht schützen. War auch Gott der Heilkunst. Seine Kennzeichen waren Leier, Bogen und Dreifuß.

Auf Sklaverei beruhende Gesellschaftsformation – beruhte auf dem Privateigentum freier Gemeindemitglieder an allen stofflichen Voraussetzungen der Produktion (Boden, Rohstoffe, Arbeitsinstrumente) sowie dem Eigentum an den unmittelbaren Produzenten, den Sklaven. Die wichtigste Aufgabe der Eigentümer bestand in der Verteidigung des okkupierten Eigentums. Durch die Befreiung der Eigentümer von der Produktion konnten sie sich der kulturellen, wissenschaftlichen und politischen Betätigung widmen. Auf der Basis der entwickelten Sklaverei konnte es zur höchsten Blüte der klassischen antiken Kultur kommen.

aufslippen – das Aus-dem-Wasser-bringen eines Schiffes mit Hilfe technischer Mittel.

Aviso – schnelles, kleines Schiff zur Nachrichtenübermittlung und zur Aufklärung.

Back – vorderer erhöhter Teil des Decks eines Schiffes. Auch Tisch oder Schüssel.

Backbord – linke Seite eines Schiffes, in Fahrtrichtung gesehen.

Balanceruder – spezielles Ruder, bei dem sich ein Teil des Ruderblattes vor dem Ruderschaft befindet.

Beplankung – Außenhaut des Schiffes.

Bootshaken – lange Holzstange mit einer hakenähnlichen Metallspitze.

Brassen – Tauwerk, das am Ende einer Rah (Nock) befestigt ist. Mit den B. werden die Rahen bewegt (gebrasst).

Bug – vorderer Teil eines Schiffes.

bugsieren – mit Hilfe von Muskelkraft oder technischen Mitteln durchgeführte Ortsveränderung von Schiffen in Häfen.

Deplacement – Wasserverdrängung.

Dollbord – oberer Rand der Außenhaut eines Riemenfahrzeuges.

Dollpflock – ein oder zwei Holzpflöcke, die sich auf dem Dollbord befinden und an denen bzw. zwischen denen der Riemen liegt.

Ducht – Sitzbank in Riemenfahrzeugen für die Ruderer.

Dwarslinie – Formation von Schiffen, in der alle Schiffe mit dem gleichen Kurs wie das Führerschiff parallel nebeneinander laufen. Mehrfache Dwarslinie ist die Formation, in der sich zwei, drei oder mehrere Dwarslinien befinden, wobei die der ersten Linie folgenden Linien im Kielwasser der vorderen laufen.

Epibat – Seesoldat.

Ethnogenese – Herkunft und Formierung der Völker.

Fall – Tau zum Heißen oder Fieren der Segel.

Fender – sackähnlicher, weicher, mit Kork oder Werg gefüllter Körper aus Tauwerk, Segeltuch oder Leder.

Festmacherleine – besonders starkes Tau zum Festmachen eines Schiffes.

Flaggschiff (Führerschiff) – Schiff, auf dem sich der Führer des Verbandes befindet.

Forum Romanum – Zentrum des politischen und kulturellen Lebens Roms, (Forum = lat., «Marktplatz»).

Gaffel – Rundholz, an dem die Oberseite eines Gaffelsegels befestigt ist.

Gesetzeskodifikation – Zusammenfassung verstreuter Rechtsbestimmungen.

Gut – gesamtes Tauwerk eines Schiffes. Stehendes Gut ist das Tauwerk, das fest steht und nicht bedient zu werden braucht. Laufendes Gut ist das Tauwerk, mit dem die Segel, das Ladegeschirr usw. bedient werden.

Heck – hinterer Teil eines Schiffes.

Heloten (griech., «Zusammengedrängte», «Gefangene») – völlig rechtlose, der Gemeinde gehörende Sklaven in Sparta.

Herold – ein mit einem weit sichtbaren Heroldstab ausgerüsteter Unterhändler.

Hoplit – griechischer schwerbewaffneter Fußkämpfer. Die Hauptbewaffnung bestand in Lanze und Schwert. Als Schutzwaffen trug er Schild, Helm und Panzer.

Kalfatern – wasserdichtes Verschließen von Längs- und Querfugen der Holzplanken der Außenhaut, Aufbauten und freiliegenden Decks durch mit Pech oder Teer überstrichenen Werg.

kentern – Umkippen (Umfallen) eines Schiffes.

Kiellinie – Formation von Schiffen, in der alle Schiffe im Kielwasser des Führerschiffes laufen. Mehrfache Kiellinie ist die Formation, in der zwei, drei oder mehrere nebeneinanderlaufende Kolonnen von Schiffen in Kiellinie laufen.

Knoten (kn) – Geschwindigkeitsmaß, 1 sm/Std.

Konsul – Titel der beiden obersten Beamten der Römischen Republik. Sie wurden für ein Jahr gewählt.

Kriegskunst – Theorie und Praxis der Vorbereitung und Durchführung von Kampfhandlungen zu Lande, zu Wasser und unter modernen Bedingungen auch in der Luft. Bestandteile der Kriegskunst der Antike sind die Strategie und die Taktik.

Latifundien (Sing. Latifundium) – landwirtschaftliche Großbetriebe in Rom und Karthago, die vorrangig von Sklaven bearbeitet wurden.

Log – Instrument zur Messung der Geschwindigkeit eines Schiffes.

Lot – Instrument zur Messung der Wassertiefe. Gewöhnlich ein an einer

Leine befestigtes Gewicht, welches an der Unterseite über eine Ausnehmung zur Aufnahme der Lotspeise verfügt.

Lotspeise – Wachse, Fett o. ä., mit dem die Ausnehmung an der Unterseite des Lotes ausgefüllt wurde. Beim Aufstoßen auf dem Grund bleibt daran eine Grundprobe haften, wodurch die Beschaffenheit des Grundes festgestellt werden kann.

Mastfuß – unterer Teil des Mastes.

Mastschuh – Ausnehmung, in der der Mastfuß ruht.

Mars – römischer Kriegsgott.

Melee – der nach der Auflösung der Gefechtsordnung einsetzende Kampf zwischen den einzelnen Schiffen. Schiffsgemenge.

Navigation (lat., navigare = segeln) – Schiffskunde. Maßnahmen oder Vorgänge, die den Zweck haben, ein Wasser- (Luft-) Fahrzeug von einem Ort der Erdoberfläche auf einem bestimmten Weg zu einem anderen Ort zu führen.

Papyrus – Zypergras mit bis zu 4 m hohen Schäften.

Pier – Hafenanlage zum Anlegen sowie Be- und Entladen von Schiffen.

Pinne – waagerecht am Kopf des Ruderschaftes befestigter Hebelarm zur Bewegung des Ruders.

Polis (Pl. Poleis, griech., = «Burg», «Stadt») – Stadtstaat in der griechischen Antike, der auf der Grundlage des Zusammenschlusses privater Grundeigentümer sowie Gewerbe- und Handelstreibender beruhte.

Präfekt – ritterlicher Befehlshaber militärischer Einheiten. Auch Verwaltungsbeamter. Praefectus classis = Flottenkommandeur.

Prätor (lat., «der Vorangehende») – seit Mitte des 4. Jahrhunderts v. u. Z. hoher jährlich wechselnder Gerichtsbeamter.

Pütz – Eimer, an dessen Henkel ein Tau befestigt ist.

Rack – Vorrichtung zur Befestigung der Rah am Mast.

Rah – Rundholz, das in seiner Mitte waagerecht an der Vorderkante des Mastes befestigt ist und an dem ein Rahsegel angeschlagen wird.

Reede – offener Ankerplatz für Schiffe.

Reffbändsel – kurzes Band zum Verkleinern eines Segels.

162

Riemen – seemännischer Ausdruck für «Ruder». Er besteht aus dem Riemenschaft und dem an seinem unteren Ende befindlichen Riemenblatt.

Ruder – seemännischer Ausdruck für «Steuer». Unterteilt sich in den Ruderschaft, an dessen oberem Ende die Pinne und an dessen unterem Ende das Ruderblatt befestigt sind.

Satrap (pers., griech., «Reichsbeschützer») – altpersicher Statthalter.

Satrapie – Verwaltungsbezirk eines Satrapen.

Schanzkleid – Verlängerung der Außenhaut des Schiffes über das Oberdeck hinaus, um die Gefahr des Überbordgehens von Personen und Gütern bzw. des Übernehmens von Wasser zu verringern.

Schlacht- (Gefechts-) Ordnung – Anordnung von Schiffen nach Richtung und Entfernung innerhalb einer größeren Schiffsgruppierung mit dem Ziel, günstige Bedingungen für die Erfüllung der gestellten Gefechtsaufgabe zu schaffen.

Schot – Tau zum Bewegen eines Segels.

Seemeile (sm) – Längenmaß. Entspricht der Größe einer Bogenminute am Äquator = 1852 m.

Seeverbindung – Gesamtheit der Be- und Entladepunkte, der Routen zwischen ihnen sowie der darauf verkehrenden Transportmittel.

Spant – Quer- oder Längsrippe eines Schiffes.

Sprung – Auflauf des Vor- und Achterschiffes, im Vergleich zum Mittelschiff.

Stag – Tauwerk oder Draht zur Abstützung des Mastes nach vorn.

Stapellauf – Ablaufen eines Schiffes von einer schiefen Ebene an Land in das Wasser.

Stelling – Laufbrett zwischen Schiff und Land. Auch an Tauwerk befestigtes Gerüst für Außenbordsarbeiten.

Steuerbord – rechte Seite des Schiffes, in Fahrtrichtung gesehen.

Sykomore – Feigenbaum.

Seekriegskunst – Teil der Kriegskunst. Beinhaltet die Theorie und Praxis der Vorbereitung und Durchführung des bewaffneten Kampfes zur See. Bestandteile der Seekriegskunst der Antike sind der strategische Einsatz und die Taktik der Kriegsflotten.

Sextant – Gerät zur Messung von Horizontal- und Vertikalwinkeln bei der terrestischen und astronomischen Navigation.

Takelage – Sammelbegriff für alle Rundhölzer, Masten, Segel sowie für das stehende und laufende Gut eines Schiffes.

Taktik – Bestandteil der Kriegskunst. Beinhaltet die Theorie und Praxis der Vorbereitung und Durchführung von Gefechten.

Talent (lat., griech., «das Zugewogene») – höchste griechische Masse- und Geldeinheit. In Attika 26,196 kg. Als Geldeinheit: 1 Talent = 360 Minen = 6000 Drachmen.

Talje – Flaschenzug auf Schiffen.

Topp – oberes Ende eines Mastes.

verholen – Verbringen eines Schiffes mit Hilfe von Leinen von einem Platz zu einem anderen.

Vorsteven – über die Wasserlinie herausragende Verlängerung des Kiels nach vorn.

Zeising – Band zum Zusammen- oder Anbinden der Segel.

Zeittafel

(Alle Jahresangaben v. u. Z.)

4. Jahr- tausend	Hochentwickelter Bewässerungsbodenbau in Ägypten
um 4000	Bootsförmige Papyrusflöße verkehren auf dem Nil
um 3000	Schaffung eines einheitlichen ägyptischen Reiches
um 2600	Beginn des Seehandels in der Ägäis
um 2200	Das Segel setzt sich in der Nilschiffahrt durch
um 1850	Erste Einwanderung griechischer Stämme in das Gebiet des heutigen Griechenlands
um 1450	Mykene entwickelt sich zur größten Handelsmacht in der Ägäis
um 1200	Ägäische bzw. Dorische Wanderung. Die Dorier und die Nordwestgriechen kommen in das Gebiet des heutigen Griechenlands
seit etwa 1200	Frühe Eisenzeit in Italien
um 1190	Seeschlacht Ramses III. (1193–1162) gegen die «See-völker»
um 1100	Beginn der Eisenzeit in Hellas
um 1050	Beginn der Kolonisierung der Westküste Kleinasiens durch die Griechen (Ionier, Äoler)
814	Gründung Karthagos (traditionell)
spätestens um 800	Entstehung Spartas
776	Beginn der antiken Olympionikenliste
753	Gründung Roms (traditionell)
um 750	Beginn der Gründung griechischer Kolonien auf Sizilien
um 736	Gründung von Syrakus
um 720	Unterwerfung und Helotisierung der Messenier (1. Mes-senischer Krieg)
um 660	Erstes uns bekanntes Seegefecht zwischen den Griechen (Korinth und Kerkyra); Beginn der Herstellung von zweiarmigen Metallankern

um 650	Gründung griechischer Kolonien im Gebiet des Schwarzen Meeres
um 600	Herstellung von schwarzfigurigen Vasen; Erste Umschiffung Afrikas durch die Phöniker(?)
um 560	Sparta erringt die Hegemonie auf der Peloponnes
547/546	Einnahme von Sardes durch die Perser. Ende des Lyderreiches
um 540	Die kleinasiatischen griechischen Poleis geraten unter persische Herrschaft; Etrusker und Karthager beenden durch den Sieg im Seegefecht bei Alalia (Korsika) die griechische Kolonisation im westlichen Mittelmeer
539	Eroberung Babylons durch die Perser
525	Eroberung Ägyptens durch die Perser
508/507	I. römisch-karthagischer Vertrag
492	Beginn des ersten persischen Feldzuges gegen Griechenland
490	Beginn des zweiten persischen Feldzuges gegen Griechenland
13.9.490	Schlacht bei Marathon
486	Tod des Perserkönigs Dareios I.; Xerxes I. wird Perserkönig
483/482	Athen beginnt mit dem Bau einer großen Anzahl von Trieren
480	Beginn des dritten persischen Feldzuges gegen Griechenland; Seegefecht bei Artemision
28.9.480	Seeschlacht bei Salamis
479	Vernichtung der persischen Flotte bei Mykale; Aufstand in Babylon gegen die Perser
478/477	Gründung des Attisch-Delischen Seebundes
464	Helotenaufstand in Sparta (3. Messenischer Krieg)
463	Bau von Getreideschiffen in Athen
um 460	Athen erringt die Hegemonie im Attisch-Delischen Seebund
460	Athenische Expedition nach Ägypten; Einnahme von Memphis
454	Die Kasse des Attisch-Delischen Seebundes wird nach Athen verlegt
um 450	Piräus entwickelt sich zur wichtigsten Hafenstadt in der Ägäis
449 (Frühjahr)	Friedensschluß zwischen Griechenland und Persien (Frieden des Kallias)

446/445	Abschluß eines 30jährigen Friedens zwischen Athen und Sparta
443	Perikles wird Stratege Athens
435	Seegefecht bei Leukimme. Die Korinther werden von den Kerkyrern geschlagen
433 (Sommer)	Seegefecht bei den Sybota-Inseln. Die Kerkyrer werden von den Korinthern geschlagen
431	Ausbruch des Peloponnesischen Krieges
429	Seegefechte bei Naupaktos
424/423	Erneuerung des Friedens des Kallias zwischen Athen und Persien (Vertrag des Epilykos)
421 (April)	Friedensschluß für 50 Jahre zwischen Athen und Sparta (Frieden des Nikias)
415 (Sommer)	Beginn des Seezuges der Athener nach Sizilien
413 (Spätsommer)	Vollständige Niederlage der Athener auf Sizilien
404 (März oder April)	Kapitulation Athens im Peloponnesischen Krieg
um 400	Erwähnung der ersten mechanischen Torsionsgeschütze
18.7.387	Niederlage der Römer an der Allia. Die Kelten (Gallier) besetzen Rom
um 380	Athen erringt erneut die Seeherrschaft in der Ägäis
348	II. römisch-karthagischer Vertrag
334–325	Niederwerfung Persiens durch Alexander III. (der Große)
322	Athen verliert endgültig seine Stellung als führende Seemacht
311	Einrichtung einer Flottenbehörde in Rom
um 290	Aristarch von Samos erkennt das heliozentrische System
278(?)	III. römisch-karthagischer Vertrag
um 280	Eratosthenes erkennt die Kugelgestalt der Erde und mißt ihren Umfang
um 270	Errichtung des Leuchtturms von Pharos
265	Abschluß der Eroberung Italiens durch die Römer
264	Beginn des ersten Punischen Krieges
260	Seegefecht bei Mylae
259	Besetzung Korsikas durch die Römer
257	Besetzung Maltas durch die Römer
256	Seeschlacht bei Eknomos
255	Sieg der Karthager über das römische Expeditionskorps bei Tunis; Untergang der römischen Flotte mit den Resten des

	römischen Expeditionskorps an Bord an der Südküste Siziliens. Verlust von 280 Schiffen mit 100000 Mann
253	Verlust der zweiten römischen Flotte; Blockade der Häfen Lilybaeum und Drepanum durch noch verbliebene Reste der zweiten römischen Flotte
249	Seegefecht bei Drepanum
10.3. 241	Seegefecht bei den Ägatischen Inseln; Ende des ersten Punischen Krieges; Sizilien wird erste römische Provinz
238	Vereinigung Sardiniens und Korsikas zur zweiten römischen Provinz
221	Hannibal wird karthagischer Oberbefehlshaber in Spanien
218	Beginn des zweiten Punischen Krieges; Niederlage der Römer am Ticinus und an der Trebbia
217	Sieg Hannibals am Trasimenischen See
2.8.216	Schlacht bei Cannae
212	Eroberung von Syrakus durch die Römer; Tod des Archimedes
211	Hannibal befindet sich mit seinen Truppen vor Rom
201	Ende des zweiten Punischen Krieges
185	Sklavenerhebung in Apulien
149	Beginn des dritten Punischen Krieges
146	Zerstörung Karthagos durch die Römer; Ende des dritten Punischen Krieges; Bildung der römischen Provinz Africa
137	Befreiung der Römer von direkten Steuern
136–132	1. großer Sklavenaufstand auf Sizilien
104–101	2. großer Sklavenaufstand auf Sizilien
78–67	Seeräuberkrieg
73–71	Spartakusaufstand
67	Überfall der Seeräuber auf Ostia; Cn. Pompeius kämpft gegen die Seeräuber
63	Kilikien und Syrien werden römische Provinzen
60	Bildung des ersten Triumvirates (Pompeius, Caesar, Crassus)
51	Gallien wird römische Provinz
1.1.45	Einführung des julianischen Kalenders (365 1/4 Tage)
15.3.44	Ermordung Caesars
43	Bildung des zweiten Triumvirates (Antonius, Lepidus, Octavian)

Literaturverzeichnis

I. Klassiker des Marxismus-Leninismus

Engels, F., Der Ursprung der Familie, des Privateigentums und des Staates. Ausgewählte Schriften, Bd. II, Berlin 1975, S. 155 ff.

Engels, F., Armee. In: MEW, Bd. 14, Berlin 1969, S. 5 ff.

Engels, F., Katapult. In: MEW, Bd. 14, Berlin 1969, S. 265.

Engels, F., Flotte. In: MEW, Bd. 14, Berlin 1969, S. 368 ff.

Lenin, W. I., Der Imperialismus als höchstes Stadium des Kapitalismus. Werke, Bd. 22, Berlin 1960.

Lenin, W. I., Zur Revision des Parteiprogramms. Werke, Bd. 26, Berlin 1961.

Marx, K., Einführung zur Kritik der politischen Ökonomie. In: MEW, Bd. 13, Berlin 1961, S. 629.

II. Werke zur allgemeinen Geschichte

Beloch, K. J., Griechische Geschichte, Straßburg/Berlin/Leipzig, 1913/1922/1927.

Bengtson, H., Griechische Geschichte, München 1950.

Bengtson, H., Grundriß der römischen Geschichte, München 1967.

Dieter, H., Günther, R., Römische Geschichte bis 476, Berlin 1979.

Gardthausen, V., Augustus und seine Zeit, Leipzig 1891.

Kaemmel, O., Spammers Illustrierte Weltgeschichte, Leipzig 1914.

Kirsch, W., Historie von Alexander dem Großen, Leipzig 1981.

Klengel, H., Hammurapi von Babylon und seine Zeit, Berlin 1980.

Krieg, G. L., Schlosser's Weltgeschichte für das deutsche Volk, Frankfurt a. M. 1844.

Hiltebrandt, P., Der Kampf ums Mittelmeer, Stuttgart 1940.

Lanitzki, G., Amphoren, Wracks, versunkene Städte, Leipzig 1980.

Lange, L., Römische Alterthümer, Bd. I–III, Berlin 1867–1876.

Musiolek, P., Schindler, W., Klassisches Athen, Leipzig 1980.

Pöhlmann, R., Aus Altertum und Gegenwart, München 1895.

Reder, D.G., Gerkasova, E.A., Istorija drevnogo mira, Bd. I, Moskva 1979, (russ.).

Wartenburg, Y., Weltgeschichte in Umrissen, Berlin 1919.

Autorenkollektiv, Weltgeschichte bis zur Herausbildung des Feudalismus, Berlin 1977.

Autorenkollektiv, Geschichte des wissenschaftlichen Denkens im Altertum, Berlin 1982.

Autorenkollektiv, Die Arbeitswelt der Antike, Leipzig 1983.

III. Werke zur Kriegsgeschichte und zur Theorie der Kriegskunst

Clausewitz, C. v., Vom Kriege, Berlin 1957.

Dieckhoff, M., Krieg und Frieden im griechisch-römischen Altertum, Berlin 1962.

Diesner, H.-J., Kriege des Altertums, Berlin 1971.

Galitzin, N.S., Kriegsgeschichte des Altertums, Cassel 1874.

Herodot, Historien, Übertr. von Horneffer, A., Stuttgart 1959.

Kießling, G., Krieg und Frieden in unserer Zeit, Berlin 1977.

Kromayer, J., Antike Schlachtfelder, Berlin 1931.

Kromayer, J., Veith, G., Heerwesen und Kriegführung der Griechen und Römer, München 1928.

Polybius, Geschichte, übertr. von Drexler, H., Stuttgart 1961.

Rasin, J.A., Geschichte der Kriegskunst, Bd. I, Berlin 1959.

Sawkin, W., Grundprinzipien der Operativen Kunst und der Taktik, Berlin 1974.

Scheler, W., Kießling, G., Gerechte und ungerechte Kriege in unserer Zeit, Berlin 1981.

Schulz, H., Blut und Eisen, Berlin o.J.

Strokov, A.A., Istorija voenogo iskusstva, Moskva 1955, (russ.).

Thukydides, Geschichte des Peloponnesischen Krieges, übertr. von Braun, T., Leipzig 1961.

Autorenkollektiv, Krieg, Armee, Militärwissenschaft, Berlin 1963.

Autorenkollektiv, Geschichte der Kriegskunst, Berlin 1973.

Autorenkollektiv, Krieg und Armee, Berlin 1978.

IV. Werke zur Seekriegsgeschichte und zur Theorie der Seekriegskunst

Foss, M., Der Seekrieg, Berlin 1904.

Gorschkow, S.G., Die Seemacht des Staates, Berlin 1977.

Kienast, D., Untersuchungen zu den Kriegsflotten der römischen Kaiserzeit, Bonn 1966.

Köster, A., Das antike Seewesen, Berlin 1923.

Köster, A., Studien zur Geschichte des antiken Seewesens, Leipzig 1934.

Neukirchen, H., Piraten, Berlin 1976.

Pemsel, H., Von Salamis bis Okinawa, München 1975.

Rasse, H., Ein Beitrag zur Darstellung der Schlacht bei Salamis, Rostock 1904.

Stenzel, A., Seekriegsgeschichte in ihren wichtigsten Abschnitten mit Berücksichtigung der Seetaktik, Leipzig 1907.

Viereck, H. D. L., Die römische Flotte, Herford 1975.

Autorenkollektiv, Istorija voenno-morskogo iskusstva, Moskva 1953, (russ.).

V. Werke zur Schiffahrt und zum Schiffbau

Aufheimer, H., Schiffsbewaffnung von den Anfängen bis zur Mitte des 19. Jahrhunderts, Rostock 1983.

Böckh, A., Urkunden über das Seewesen des Attischen Staates, Berlin 1840.

Grashof, K. H. F., Das Schiff bei Homer und Hesiod, Düsseldorf 1834.

Hanke, H., Männer, Planken, Ozeane, Leipzig o. J.

Knoll, Ch., Winde, J., Windjammer, Leipzig 1980.

Kopecky, J., Die attischen Trieren, Leipzig 1890.

Köster, A., Schiffahrt und Handelsverkehr des östlichen Mittelmeeres im 3. und 2. Jahrtausend v. Chr., Leipzig 1924.

Köster, A., Ostia, die Hafenstadt Roms, Berlin 1929.

Köster, A., Seemärchen und Meeresspuk, Berlin 1930.

Luebeck, E., Das Seewesen der Griechen und Römer, Hamburg 1890.

Reich, K., Pagel, M., Himmelsbesen über weißen Hunden, Berlin 1981.

VI. Nachschlagwerke

Freydank, H., u. a., Der alte Orient in Stichworten, Leipzig 1978.

Gladisch, W., Seemannschaft, Berlin 1940.

Neuburger, A., Die Technik des Altertums, Leipzig 1981.

Scharnow, U., Seefahrt, Berlin 1976.

Autorenkollektiv, Kleine Enzyklopädie Weltgeschichte, Leipzig 1971.

Autorenkollektiv, Lexikon der Antike, Leipzig 1978.

Autorenkollektiv, Sovetskaja voennaja enziklopedia, Bd. I–VIII, Moskva 1976–1980, (russ.).

Autorenkollektiv, Das große Schiffstypenbuch, Berlin 1983.

Verzeichnis der Kartenskizzen

Personenregister

Geographisches Register

Inhaltsverzeichnis

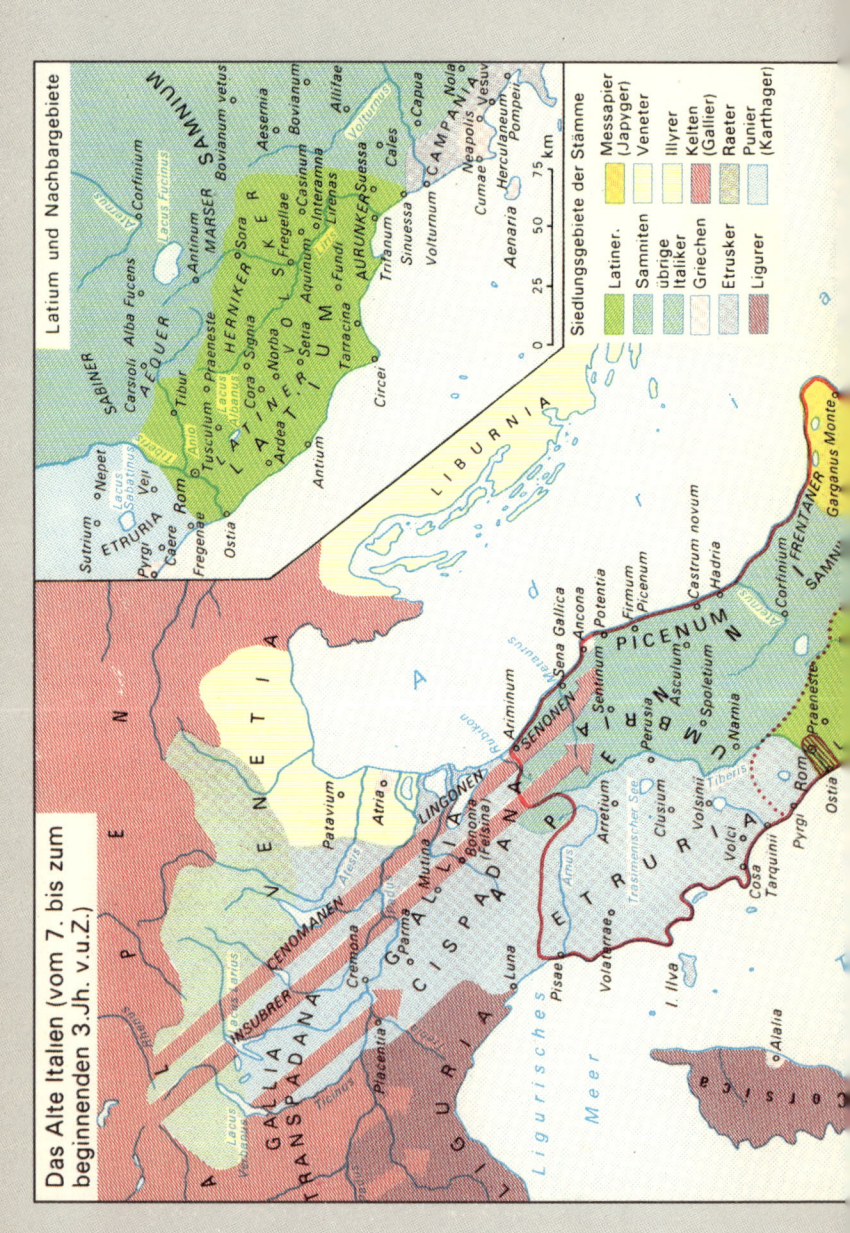

Das Alte Italien (vom 7. bis zum beginnenden 3.Jh. v.u.Z.)

Latium und Nachbargebiete

Siedlungsgebiete der Stämme

- Latiner
- Samniten
- übrige Italiker
- Griechen
- Etrusker
- Ligurer
- Messapier (Japyger)
- Veneter
- Illyrer
- Kelten (Gallier)
- Raeter
- Punier (Karthager)

0   25   50   75 km